中國學術思想 研究輯刊

十 六 編

林 慶 彰 主編

第 11 冊

許衡的倫理道德價值體系（上）

馬 行 誼 著

花木蘭文化出版社

國家圖書館出版品預行編目資料

許衡的倫理道德價值體系(上)／馬行誼 著 — 初版 — 新北市：
花木蘭文化出版社，2013〔民 102〕
目 4+152 面；19×26 公分
（中國學術思想研究輯刊 十六編；第 11 冊）
ISBN：978-986-322-136-4（精裝）
1.（元）許衡　2.學術思想　3.倫理學
030.8　　　　　　　　　　　　　　　　　102002266

ISBN-978-986-322-136-4

9 789863 221364

中國學術思想研究輯刊
十六編　第十一冊　　　　　　　ISBN：978-986-322-136-4

許衡的倫理道德價值體系（上）

作　　　者	馬行誼
主　　　編	林慶彰
總 編 輯	杜潔祥
出　　　版	花木蘭文化出版社
發 行 所	花木蘭文化出版社
發 行 人	高小娟
聯絡地址	235 新北市中和區中安街七二號十三樓
	電話：02-2923-1455／傳眞：02-2923-1452
網　　　址	http://www.huamulan.tw 信箱 sut81518@gmail.com
印　　　刷	普羅文化出版廣告事業
封面設計	劉開工作室
初　　　版	2013 年 3 月
定　　　價	十六編 25 冊（精裝）新台幣 42,000 元

許衡的倫理道德價值體系（上）

馬行誼　著

作者簡介

馬行誼，男，1969 年出生於台灣彰化，祖籍山東省青州市。國立台中教育大學語文教育學系學士、國民教育所碩士、國立中正大學中國文學研究所博士。歷任國立台中教育大學語文教育學系助教、講師、副教授，現為該系專任教授。著有《經典詮釋與應世之道──以王弼、阮籍的玄學思想為考察核心》、《聆聽教學的理論與實務》、《國小學童說明文寫作現象分析──班級小組討論教學法之個案研究》等書，以及學報期刊十餘篇。

提　　要

　　許衡是元初大儒，他成功地引進程朱理學，奠定了理學在元代的重要地位，此外，許衡積極投身政治實踐之中，時刻以經世濟民為念，故為後世所推崇。在理論的建構上，他從「自然觀」到「心性論」的認識中，建立了其倫理道德價值觀的基礎，又聯繫到「格致論」與「知行觀」的部分，藉以全面性的醞釀此倫理道德的價值體系，這兩個部分完成之後，許衡的倫理道德價值體系已然成形。本文所架構的倫理道德價值體系中，許衡將「道德修養工夫」做為基礎，發展到「政治思想與實踐」與「教化的志業」兩方面，此即為其「內聖」到「外王」理想的具體展現。

　　本文先從歷來評論許衡的文獻開始探討，藉此提出了方法論的基本立場是：學術傳承與時代影響合論；概念分析與系統架構兼具；歸納與演繹兩法並重。接下來就是概略地討論許衡的生平與經歷，並依次介紹其倫理道德價值體系的基礎、醞釀、建構、完成的發展順序。本文的論述過程中，廣泛地觸及前代對許衡諸如「仕隱」、「夷夏」、「易簡」、「粗跡」、「治生」、「科舉」、「心」的詮釋與「和會朱陸」等的兩極化論斷，並試圖從其倫理道德價值體系的發展中，給予公允的評述。本文的結論是許衡的倫理道德價值體系，乃是順承儒家的大傳統，並由兩宋理學家的啟發，所成立的一套因應時局的策略。

謝　辭

　　人生恍恍惚惚走了三十幾個年頭，開始漸漸明白了一個道理：沒有師長的提攜、家人的鼓勵，以及朋友的祝福，所有的理想似乎都是難以實現的。我有幸得到眾人的眷顧，自然心存感激，如果博士學位是一種榮耀，我將獻給所有關心我、提攜我、愛護我的人。

　　首先我最感謝的是指導教授劉文起博士，劉老師學識淵博、古道熱腸，完全不介意學生的駑鈍，毅然地接受指導的工作，並時時教誨許多待人處世的道理，令我獲益良多。中正大學中文所所長竺家寧教授以及所內的師長們，不僅在學業上循循善誘，也在生活上給予熱情的照顧，都是令人難以忘懷的。此外，特別感謝博士論文口試委員會李威熊教授、莊雅州教授、傅榮珂教授、陳韻教授等，在百忙中仍願意撥出時間，在論文的寫作及內容的論述上，提出許多足以發人深省的意見，著實為這本不太成熟的論文，擴展了更多的思考空間及發展的方向，如人飲水、冷暖自如，我自當銘感五內、感念於心。在中正中文所求學期間，與所內的同學、學長姐、學弟妹們一同學習，非常愉快，生活中又能夠彼此照料、分享學習的心得，這些都是我終生難忘的甜美記憶。

　　我是以在職身分進修，所以十分感謝國立台中師範學院校長賴清標博士，以及語文教育系、學生事務處師長們的鼓勵與支持，如果沒有你們，我實在很難兼顧進修與教學、兼職行政工作三者。最後，感謝我親愛的家人，這一路走來，來自於父母的呵護與生活上的照料，幾乎是無微不至的，而兄嫂的鼓勵，以及內子如茵的寬容，再加上嘉偉、家嫻兩個小寶貝的陪伴，都是我潛心撰寫論文時的積極動力，此刻，我將把這個小小的成就與你們分享。應該感謝的人太多，怎奈篇幅有限，文字又不足表達感激於萬一，只願你們一切順心、事事如意。

馬行誼謹識　92 年 6 月 9 日

目

次

第一章 緒 論

　　學術界對理學的研究一直是方興未艾的，長期以來，學者們無論在思想家的介紹、理論系統的建構，乃至思想史、觀念史的連繫，都有十分豐碩的成果。然而，此類研究的重心，似乎集中在宋、明兩代的成果居多，相較之餘，元代理學顯然還有很大的開發空間。當然，這是因為宋、明兩代的理學大師輩出，主要的學派論述，也匯集於斯，多數的學者認為元代理學是兩宋理學的餘脈，而元代理學中的若干成份，則啟發了明代理學的思想內涵，所以許多學者將元代學界定為宋、明之間的橋樑。正因如此，元代理學家常被視為兩宋理學偏鋒，明代理學的先聲，似無其獨立的存在價值〔註1〕。這種說法儘管合乎學術思想發展的邏輯，卻似乎過於簡化元代理學的內涵。因此，如果我們要突顯元代儒學的價值與地位，或許應該採取更為謹慎的態度，否則將難以逃脫既成的框架之中，因而人云亦云，便無法彰顯元代儒學的真精神了。

　　本文想要探討的元儒許衡思想，在元代理學的大環境之中，實具有特殊的代表意義，然長期以來人們對他的認識，不過是元代有名的儒臣，或者是宋、明兩代理學的過渡者而已，他的學術地位，並未獲得廣泛的認可〔註2〕。

〔註 1〕 侯外盧等人在《宋明理學史》一書中的說法是：「經南宋朱陸的爭論，到了元代，復又折衷融合，從而又導致了朱陸的合流。而明代王陽明的所謂『範圍朱陸而進退之』，這或者可以說是沿承元代朱、陸合流的趨勢，只不過是王陽明以陸學為主，在朱陸之間更加圓融周備，鎔鑄而為所謂『博大、精細』的王學體系。從這一點來說，元代的理學，是宋明之間的過渡環節。」（北京：人民出版社，1997年）。侯氏之說，正是代表長期以來學者對元代理學的基本看法，故曰似無其獨立的存在價值。

〔註 2〕 侯外盧等人謂：「許衡與元中期『和會朱陸』的吳澄，都以朱學為標誌，被視為朱學的徒裔，但他們由朱學的心外格物，移到陸學的直求本心，從而萌發

除此之外，許衡還是一個爭議性很大的儒者，後人雖承認他在元代理學的地位，但常以其入仕元廷而非之，許衡一生屢召屢辭，後人常又訾其惺惺作態，進退無方。但是，元世卻不乏稱誦其延續儒學道統，傳遞程朱精義之功，又在異族統治的時代，用夏變夷，以儒教征服蒙元的統治者，再次證明了儒學堅韌的生命力。再者，後人又有亟稱其進退仕隱合乎孔孟之道，而其所執守者實乃以道事君、澤加於民耳。因此，後世評述者面對如此兩極化的評價，也不免陷入兩極化的思維結論之中，或自限於民族意識的「夷夏之防」，或拘執於隱居自守的清高形象，毀譽不一。此外，若對許衡有所認可，則標舉其倡導程朱理學的功績，然此又彷彿強調許衡的學說只能唯唯遵循程朱矩矱，沒有創新，而其他再無可以稱述之處〔註3〕。正如前述，我們如果試圖闡發許衡思想精義，就不能一開始便以「和會朱陸」自限，而是應該從文獻的掌握，以及時人與後世的評論反省中，尋找出其思想發展的脈絡，才是一種公允的做法。

從史料觀察可知，許衡對元代理學影響很大，其主要的原因是許衡生於金末，活躍於元初的政壇，這時候南方的宋朝尚存，多年的兵災使得時局混亂，民不聊生，繼而元以異族統治全中國，成為一正統王朝。如何將一個嗜殺好戰的民族，歸化於仁義禮樂的儒教之下，乃是當時儒者的共同心願，而許衡則在這個文化宣導活動中，擔任十分重要的角色。更重要的，在於元初政局紛擾，各個政治集團間相互傾軋，以致許衡在政治上的理想未能驟見其成效，但在他積極投入教育事業之後，其弟子不論蒙漢，日後多擔任政府官員，對許衡政治理想的推動則大有助益。另外，許衡的教育模式又擴及地方的州縣學，甚至私人的書院，也效法許衡的教育規模，可見其學說影響之深遠。故而，以許衡的歷史表現衡諸其學術的內涵，歷代學者以兩極化的看法評述許衡之舉，是否真能完全詮釋許衡的歷史地位和學說精蘊，實在令人懷疑。

了一種屬於後來王學的東西，這是值得注意的思想演變跡象。」（詳見《宋明理學史》，北京：人民出版社，1997年），蒙培元也有類似的看法（詳見《理學的演變——從朱熹到王夫之戴震》，福州：福建人民出版社，1998年）。這種看法，也是將許衡視為「依違於朱、陸之間」，或「和會朱陸」的理學家，因此，他的功能似乎只是傳遞了朱學規模，並提供「和會朱陸」的可能嘗試，未見學者給予特殊的評價。

〔註3〕此處所涉及時人與後世的評價，以及許衡一生的事蹟功過，將於本文第二章詳加敘述，故不贅。

　　再者，自先秦儒者到兩宋理學，儒家以「內聖外王」爲終極目標的職志，未曾有過任何改變，然因時代環境的客觀限制有別，儒者「內聖」與「外王」兩者也隨之偏重不一。元朝乃異族統治中國的時代，許衡一介儒生，面對新政權的到來，爲維護儒家學術的主導地位，以及千百年來儒者一貫的經世熱情，就必須從以往的學術傳承中，揉合改造，發展其因應時局，卻又不廢以「內聖外王」爲目標的思想內涵。因此，在先秦孔孟的示範、經典的提示，與夫師友之間的相互勸勉下，許衡的「內聖外王」理想，絕非僅止於某種學說的詮釋而已，乃是生命與事業意志的全然展現，不僅口談言論，更須身體力行，力求言行一致，爲貫徹「內聖外王」的終極目標而努力。許衡在其論述中多次強調儒者不能放棄經世的熱情，而且觀其立身處世，則「言動必揆諸義而後發」(《元史》卷一五八，〈許衡傳〉)〔註4〕，可見他對儒家學術的認識是深刻的，而積極用世的行動也是十分明確的。因此，我們似乎又不能將其學術思想，只侷限於某種學派的延續、民族意識或仕隱與否的爭論中，而是應該以更大的格局理解許衡的思想內涵。本文即欲從掌握許衡實現儒家「內聖外王」理想的用心開始，逐步闡釋其如何建構一套倫理道德的價值體系，爲克己修身、經國濟世，乃至教化萬方的基礎。以下，我們將就「文獻探討」、「問題的提出」、「方法論上的反省」等三方面，概述本文探討許衡思想內涵的成因、論述的方向，以及方法論上的反省過程。

第一節　文獻探討

　　自古系統性研究許衡學術思想的著作不多，我們大都只能從古人評論性的資料與近代專題式的小論文中，拼湊出其概貌。儘管如此，這些資料仍具有相當的價值，因爲不同的評論家或研究者，以其主觀或客觀的立場立論，都能刺激後繼者多面相的思維。今日我們試圖重新挖掘許衡思想的內涵，固然期望以客觀的態度回歸歷史原貌，但詮釋的過程難免帶有主觀的成份（同情的理解），所以在回顧既有的研究成績之餘，以往學者偏執之處，當然應該避免，其卓絕處則可資效法，繼續深究。以下將討論歷來有關許衡的研究成果，概略地回顧以往研究的成績。

〔註4〕本文採用《元史》的版本是翁獨建等人以《百衲本》爲底本，參校其他相關史料而成之點校本（北京：中華書局，未註出版年），以下不贅。

一、前代有關許衡的評價

　　古人評述許衡，常見兩極化的結論，我們先從負面的評價上考察。明末清初王夫之曰：「鬻《詩》、《書》、《禮》、《樂》於〔非〕類之廷者，其國之妖也。其跡似，其理逆，其文詭，其說淫，相帥以嬉，不亡也奚待？……而為儒者之恥，姚樞、許衡實先之矣。」（《讀通鑑論》卷十七），文中他將姚、許稱為「儒者之恥」，就是因為他們拿儒家聖人之道，協助由異族組成的朝廷施政。王夫之又謂：「女眞、蒙古之吞噬中華，皆衣冠無賴之士投幕求榮者窺測事機而勸成之。廉希憲、姚樞，許衡之流，又變其局而以理學為俾闔，使之自躋於堯、舜、湯，文之列，而益無忌憚。游士之禍，至於此而極矣。」（《讀通鑑論》卷十四），他將「女眞、蒙古之吞噬中華」的歷史現象，歸之於「衣冠無賴之士投幕求榮者窺測事機而勸成之」，這是基於民族意識的觀點抨擊元代儒者，妄圖使異族之君「自躋於堯、舜、湯、文之列」，而其所謂「游士之禍」，依然徘徊在元初儒者不該拿儒教事異族，念念於「夷夏之防」的批判標準。

　　上述說法，後人皆有為許衡答辯者，譬如何塘的說法是：

> 塘嘗著論辨之大略，以為中夏夷狄之名，不係其地與其類，惟其道而已矣！故春秋之法，中國而用夷禮則夷之，夷而進於中國則中國之，無容心焉！舜生於東夷，文王生於西夷，公劉古公之儔，皆生於戎狄，後世稱聖賢焉！豈問其地與其類哉！元之君雖未可與古聖賢並論，然敬天勤民，用賢圖治，蓋亦駸駸中國之道矣！夷狄之俗，以攻伐殺戮為賢，其為生民之害大矣！苟有可以轉移其俗，使生民不至於魚肉糜爛者，仁人尚當盡心焉！況元主之尊禮公，而以行道濟時望之，公亦安忍猶以夷狄外之！故拒而不仕哉！且作《春秋》以訓萬世者，非孔子乎？《春秋》所外之夷莫大於楚，楚昭王之聘孔子，亦往拜焉，使不沮于子西，孔子固將為楚之臣矣！孔子，魯人也，尚可臣楚，公元人也，迺不可臣元歟！（《魯齋遺書》卷十四，〈河內祠堂記〉）〔註5〕

何塘引經據典，說服力很強，相較於純以民族意識之激情漫罵，顯然具有很高的參考價值。

〔註 5〕本文採用《魯齋遺書》的版本為王雲五主持之《四庫全書珍本》（台北：台灣商務印書館，1973 年），以下不贅。

另外，關於許衡出仕操守的部份，張履祥曾說：

> 魯齋沒三百餘年以來，論者眾矣，尊其道者恆二三，詆其節者恆八九。以愚測之，讀其書者未必論其世，論其世者未必讀其書，似皆未究魯齋之本末而輕爲論說者也。魯齋北產也，陸沉日久，人不知學，能於流離兵刃百死一生之餘，悅周公、仲尼之道，私淑於雒、閩而自得之。當是時，南方之學者，未能或之先也。彼之所謂豪傑之士也，由是言之，詆之者過也。……魯齋賢者，豈不自愛其節，而以元者之富貴榮者乎？（《楊園先生全集》卷十九）

另一段資料，則是從陶宗儀紀錄許衡與劉因的一段對話開始的：「中統元年，（許衡）應召赴都日，道謁文靖公靜修劉先生，因謂曰：公一聘而起，毋乃太速乎？答曰：不如此，則道不行。至元二十年，徵劉先生至，以爲贊善大夫，未幾，辭去，又召爲集賢學士，復以疾辭，或問之，乃曰：不如此，則道不尊。」（《輟耕錄》卷二，〈徵聘〉），陶宗儀的這段記錄，似乎批評許衡屢召屢辭，惺惺作態，謂其實乃汲汲於名利，忝不知恥。陸世儀則謂：

> 劉、許皆元儒，許仕而劉不仕，故後儒議論多優劉而劣許，然劉於世祖之聘，亦強起爲右贊善大夫，但尋以母老辭歸，俸給一無所受耳。蓋自度得君行道未必如許，故旋出而旋歸，兩賢殆未可優劣也。
>
> 許衡任道最勇，有伊尹之風。其進退一以行道爲主，絕無依違瞻顧。終元之世，能使儒術不墜，皆其力也。（《思辨錄輯要・後集》卷八）

張履祥和陸世儀的說辭只是代表，仍有許多儒者積極地爲許衡辯護〔註6〕。張、陸兩人的論點雖然不錯，但仍須結合時局材料，加以論證，除此之外，又另有後人研究足證陶宗儀記錄並非事實〔註7〕，結合這些材料，我們或許可以對兩極化的結論，保留一定的彈性空間。

〔註6〕 持贊賞的意見有明代的薛瑄認爲「魯齋召之未嘗不往，往則未嘗不辭，善學孔子者也。」、「魯齋出處合乎聖人之道」、「魯齋以王道望其君，不合則去，未嘗少貶以徇世，眞聖人之學也。」（《魯齋遺書》卷十四，〈薛文清公讀書錄〉）。其他說法可參閱袁冀在〈元許魯齋風範之評述〉（《國立編譯館館刊》第一卷第一期，1971年）一文中所做的歸納；也可從《魯齋遺書》一書中有關後世對許衡的碑志、題詞、祠堂記述中得知。

〔註7〕 近人袁冀在〈元名儒靜修行事編年〉（收入《元史論叢》，台北：聯經出版事業公司，1978年）一文中，強調兩人年紀相差太大，這種相會是不可能的。

　　事實上，當我們企圖還給許衡一個正面評價時，無論從「夷夏之辨」或「進退仕隱」的兩極評論判之，並不代表就足以闡發許衡思想精蘊，因為如果試圖了解兩者背後的成因，實在更應進一步追問許衡在異族統治的政權中，嘗試宣傳些什麼？又希望改變些什麼？許衡一生屢召屢辭，達十次之多，在進退之間，他又堅持些什麼？與他的思想內涵，又有何呼應？總結「夷夏之辨」與「進退仕隱」這兩個部分的表現後，我們發現，對許衡而言，或許並非單純地只是異族統治或求仕與否的問題，而是一套倫理道德價值的衡定過程〔註8〕。換句話說，除了歷史上的表現之外，即使在「夷夏之辨」或「進退仕隱」的抉擇之上，許衡也試圖致力於宣揚這套他得之於儒學傳統的倫理道德價值標準，並將其付諸實行。

　　對許衡持正面評價的人很多，除了上述因其不拘於「夷夏之辨」，而能「用夏變夷」的大公心外，又盛道其進退不失其守，反證其一以道為準則的高貴情操。此外，時人及後世更以其一生行誼，給予至高的評價，如姚燧曰：

> 先生之學，一以朱子之言為師，窮理以致其知，反躬以踐其實，始而行其家，終而及之人。故于魏于輝于秦摳衣其門，所在林立，盛德之聲昭聞于時官諸冑學。其教也，入德之門始惟由小學而四書講貫之，精而後進於易、詩、書、春秋，耳提面命，莫不以孝弟忠信為本，四方化之……述作固不及朱子之富，而扶植人極，開世太平之功，不慚德焉。（《魯齋遺書》卷十四，〈牧庵姚氏語〉）

這段話道出時人對許衡普遍看法。我們可以依照這段論述，歸納出許衡一生學術思想、立身處世的一些重點：首先，許衡是以朱子之學為宗；其次，許衡學術講求窮理致知、反躬踐履為實；再者，許衡善教，且以《小學》、《四書》，進而《易》、《書》、《詩》、《春秋》等儒家經典，做為引導學生進德修業的教材；最後，他能貫徹儒家「內聖外王」的理想，以道德修養工夫教化萬方，並為當時樹立政治制度的典範，與民生經濟的良策，開萬世太平

〔註8〕　福田殖曾說：「從世祖平南宋，到統治中國近九十年為止，在如何接受此項歷史事實，和如何以之相關連以生存下去這點上後世對如此加上了各種各樣的評論。……人們出處進退的動態，成為從最根本的地方來推斷其人倫理價值觀的指標。」（福田殖著，金培懿譯，〈關於許衡〉一文，收入《中國文哲研究通訊》第八卷第二十期，1998年）。我們也認為許衡對夷夏問題的看法，以及進退仕隱的態度，都與其倫理道德的價值觀關係密切。

的濫觴。

　　除王夫之之外，姚燧的說法似乎沒有什麼異議者，但姚燧是許衡的門下弟子，而且許衡貴爲元代儒學宗師，桃李滿天下，其稱頌許衡之語是否過譽，似乎也是值得觀察。然而，這類讚頌許衡的說法，似乎可以做爲我們在探討許衡思想過程中的一些參考：譬如，許衡學術思想一以朱子爲宗，許衡也自詡繼承程朱思想爲主，那麼，他是怎麼繼承程朱思想的呢？順著這個理路說，許衡教人有法、且以《小學》、《四書》、《易》、《書》、《詩》、《春秋》等儒家經典爲教材，他是如何將這些教材教給學生的呢？姚燧說許衡窮理致知、反躬踐實，這種表現，取自於程朱之學處有多少？面對時局變化，所採取的轉化調適又有多少呢？許衡窮理致知，反躬踐實的表現，落在知行的聯繫上，對「內聖外王」的事業又有何種意義呢？這些都是我們必須討論並解決的問題。

二、近代的研究成果

　　近代專論許衡的研究不多，其中最有系統，而且結集成書的就是陳正夫、何植靖的《許衡評傳》〔註9〕。書中廣泛論及「許衡的時代」、「生平及學術交往」、「哲學思想」、「政治思想」、「經濟思想」、「處世哲學與倫理思想」、「科學與文化思想」、「教育思想」、「許衡思想的歷史地位和社會影響」等等。全書討論許衡思想內涵是採用思想範疇的歸納模式，從古來的原始觀念，一一闡述許衡論點的傳承脈絡，以及其特殊之處。以「哲學思想」爲例，該書論及自然觀、認識論、方法論、人性論、歷史觀等五個範疇；就「教育思想」而言，則包括教育宗旨、教育的價值與功能、教育內容、教育原則與方法等範疇。這本書提供了不少引人注目的結論，其中以「理學發展中的作用」來說，作者認爲許衡傳播程朱理學之功，乃促使程朱理學在元朝學術上統治地位；許衡的思想也推進「朱陸合流」，成爲從朱熹「理學」到王守仁「心學」的中心環節。最後，該書將許衡與儒家孔孟、朱熹比較，分別從政治事業上是否順利？學術上是否建立體系？教育上弟子入仕的多寡？三方面討論許衡在歷代儒家人物中的特殊性。

　　目前探討許衡學術思想的論述中，《評傳》算是最全面，而且最有系統的學術著作，正因如此，我們可以藉著這本書的內容，大致掌握許衡思想的內

　　〔註9〕詳見陳正夫、何植靖著，《許衡評傳》（南京：南京大學出版社，1995年）。

涵，尤其該書涉及許衡的相關史料，頗為詳實，實能提供後繼研究者重要參考。然而，這本書廣泛的論述方式，再加上自古至今縱貫的敘述，以及思想範疇的歸納模式，導致該書的結論是許衡思想皆前有所承，尤其在理學上師法程朱，無所發明；另一方面，我們認為《評傳》論述方法容易使主題零散，看不出一貫的思想體系；在思想範疇的歸納中，論及時代環境的影響不多，因此也難以看出客觀環境對許衡思想的制約作用。再者，《評傳》遽稱許衡學術乃所謂「朱陸合流」，實無文獻資料為佐，只以許衡論「心」為證，但「心」的論述乃朱熹原有，不獨象山為然，故該結論可能有武斷之嫌。最後，本書將許衡與孔、孟、朱三哲對列，固有創意，但許衡的時代環境與三哲不同無疑，而其學術體系建立與否之評斷，似乎驟難定論。撇開許衡不說，以朱熹與孔孟相較，學術體系的標準將是敦優敦劣呢？再者，即使孔孟相較，也將透過一段全面性的詮釋始可論之，不可輕率，所以，該書或許應該慎用比較的方法，才能得到合理的結論。

金永炫的《元代「北許南吳」理學思想研究》一書〔註10〕，則是比較元初許衡與吳澄理學思想的學位論文，該書認為許、吳二人都是繼承程朱學說，但也有接受象山之說的部分，特別是從「心即理」觀念的認同中，建立了心性一源論的理學架構。此外，他們同時在朱、陸的影響下，主張「兼尊德性與道問學」，與「知行兼該」的工夫，因此，他們的學說勢必與後來的陽明之學關係密切。金氏之說乃順著思想史的發展現象，指出許衡與程朱、陸王的關係，此說從表面觀之，似無不妥，但吳澄所處的社會背景與當時學術流通的情形，是否與許衡相同？就接受象山之說與否為例，吳澄明言「和會朱陸」，許衡卻對象山隻字未提，若以吳之說企圖含括許衡，是否恰當？可能就需要再加究明。然而，金氏之說也多有啟示之處，例如他認為許衡關於宇宙的根本原理的看法，即是有關於人生根本原理的詮釋，這些都對本文論述架構的形成，有所裨益。

日人福田殖的《關於許衡》〔註11〕一文，所討論的問題則是「從世祖平南宋，到統治中國近九十年為止，在如何接受此項歷史事實，和如何以之相關連以生存下去這點上，後世對此加上了各種各項的評論。後世儒者更是對

〔註10〕詳見金永炫著，《元代「北許南吳」理學思想研究》（私立輔仁大學哲學研究所博士論文，未出版，1987年）。

〔註11〕詳見福田殖著，金培懿譯，〈關於許衡〉（《中國文哲研究通訊》第八卷第二期，1998年）。

此事顯得異常關心。特別是明清交替之際，因爲又再次出現了異民族統治的類似政治狀況，圍繞這些問題點的議論，又見高漲。人們出處進退的動態，成爲從最根本的地方來推斷其人倫理價值觀的指標，本文即欲就這些問題點來進行若干考察。」因此，這篇短文乃就歷來評論許衡的說法，做一全面的檢視。福田明確的指出歷代有關許衡的種種評論，必然與評論者身處的政治現實有絕對的關聯性，他又同時指出涉及人們進退出處的評斷，其根本的意識，就是一種倫理價值觀的本質衡定。這兩個看法，對本文的啓示頗大，由於歷來評論許衡的說法，常見兩極化的現象，吾人若不細察其立場，實難做一客觀的評斷，福田從立論者的政治感受，推測其評論的動機，我們認爲應該是一個十分具有參考價值的觀點。再者，有關許衡仕元的部分，論者常以應不應該仕元，或可不可以仕元爲題，卻很少闡明此乃許衡倫理價值觀的衡量。須知許衡仕元與否，完全是倫理道德價值觀的衡量結果，甚至他入仕後所推動儒家「內聖外王」的理想，也是倫理道德價值觀的全然體現，這是我們可以特別注意的部分。

　　袁國藩所著《元許魯齋風範之評述》〔註 12〕一文，則歸納史傳、《元文類》，及私人著述中的文字，列出六點有關許衡生平事蹟、風範，以及足資後人稱道之處，這篇論文蒐集不少前人論述許衡的資料，可供研究者參考、引用。羅光的《許衡的哲學思想》〔註 13〕一文，概略地討論許衡的性理思想和修身的觀念。羅氏認爲許衡不是大思想家，在哲學上也沒有創見，他甚至指出許衡在討論氣質的部分，有講不通之處〔註 14〕。但羅氏肯定許衡能輔佐元世祖繼承中華儒學，對中華文化，實有貢獻，此外，他又指出許衡的偉大之處在於教育人才，使儒家傳統，廣爲流傳，以正人心。孫劍秋所著《從〈讀易私言〉看許衡的處世之道》〔註 15〕一文中，將《讀易私言》的特殊體例，

〔註 12〕　詳見袁國藩著，〈元許魯齋風範之評述〉（《國立編譯館館刊》第一卷第一期，1971 年）。

〔註 13〕　詳見羅光著，〈許衡的哲學思想〉（《輔仁學誌（文學院之部）》第九期，1980年）。

〔註 14〕　羅光認爲：「許衡不是大思想家，在哲學者沒有自己的創見。」實際的論述上，諸如「許衡較比朱熹在論氣質時，除氣之清濁外，加上了氣的美惡，這種新加的觀念，從理學的理氣說，是講不通的。」又「變化氣質的主張，在形上本體論也講不通，因爲氣若是人本體構成要素，怎麼可以變更呢？可以變更的，只是氣的附加特徵。」等評論，都是持比較負面的看法。

〔註 15〕　詳見孫劍秋著，〈《從讀易私言》看許衡的處世之道〉（《中華學苑》第四十三

以及許衡詮釋《易經》的內涵，解讀成許衡因應時局的一套策略。所以孫氏的結論是：「……《讀易私言》中的重點，便在『位』、『時』、『中』三個字。以許衡仕元朝來看，身處朝代更替，異族入主，這是『位』。居於客觀現實，與夷狄爲伍，這是『時』。而行漢法，使華夷的文化差異減輕，便是『中』。」孫氏的結論深具啓發，許衡順應時局的學術思想特色，也得以具體的突顯出來，本文處理許衡的相關文獻，也是試圖與時代環境的脈動結合，避免落入純理論辯駁的侷限之中。

　　另有一批研究文獻，則是基於某種學術史的立場，附論許衡的思想內涵，譬如蒙培元的《理學的演變——從朱熹到王夫之戴震》〔註16〕就是一例。他說朱熹以後的思想家都是朱學的修正或反動，所以整本書的論述方式，都是以朱學爲準，評論其他思想家的內涵。蒙氏認爲：「在當時的朱熹後學中，影響較大的有許衡、吳澄等人，他們進一步發展了朱熹哲學中的心學思想，並與陸學結合起來，因而出現了朱陸合流的趨勢。」蒙氏的做法頗值得參考，而且由其比較許衡與朱熹思想的異同之處觀之，常可見其思辯結論之精邃〔註17〕。但該書開頭處就將許衡思想以「朱陸合流」目之，進而主導整個討論的方向，似乎與《許衡評傳》一書相同，稍嫌武斷。龔道運的《元儒許衡之朱子學》〔註18〕也是類似的著作，但該文將許衡視爲朱學的流裔，比較不強調許衡與朱、陸的區分。

　　侯外廬等人所編的《宋明理學史》〔註19〕是一種學術史式的寫法，針對許衡的部分，也提出了不少的意見。譬如許衡的理學思想中提到天道對人的關係時，並非認爲每個人都是平等的，此外，許衡理學雖繼承程朱，但沒有嚴守朱學門戶；許衡由朱學的心外格物，移到陸學的直求本心，從而萌發了

　　　　期，1993年）。

〔註16〕詳見蒙培元著，《理學的演變——從朱熹到王夫之戴震》（福州：福建人民出版社，1998年）。

〔註17〕譬如蒙培元認爲「（許衡）思想雖然同朱熹『良知良能，人心固有』的說法一致，但朱熹強調格物致知等向外工夫，而許衡則因『本於人心之所固有』，卻主張直存本心，這就和朱熹大不相同，而與陸九淵一派更加接近了……更加值得注意的是，他提出『正內以正外』的方法，爲後來王陽明正心以正物的思想開了先河。」（《理學的演變——從朱熹到王夫之戴震》，福州：福建人民出版社，1998年）

〔註18〕詳見龔道運，〈元儒許衡之朱子學〉（收入《國立編譯館館刊》第八卷第二期，1979年）。

〔註19〕侯外廬等編，《宋明理學史》（北京：人民出版社，1997年）。

一種屬於後來王學的東西；在心性理三者合一的立場上，他的回答似乎朱陸皆可同意，但他在關於如何識見天理的心性修養方法上，就游離於朱熹「窮理以明心」和陸象山的「明心以究理」二者之間；許衡在宋代以後，在理學上重「踐履力行」和民生日用，力求把心性和事功合一等等說法。侯氏等人思慮縝密，論述精詳，常有發人深省之處，涉及許衡與朱王學術的關聯性，也迭見其高論。然而，雖然該書詳細說明了許衡與朱王的相互關係，但我們實在很難透過書中的討論，描繪出許衡思想的完整輪廓，更別說由此觀察許衡學術思想的體系了。雖然《宋明理學史》約略的介紹許衡的天道思想和心性思想，但這就是許衡思想的全部內涵嗎？恐怕侯氏等人也不會認同這個答案，也或許學術史的寫作常因為廣度的要求，而無法顧及深度的部分，這是該書寫作上的限制。

　　葛榮晉等人主編的《中國實學思想史》〔註20〕，則是以「實學」這個中國思想的重要論題〔註21〕為主，考察歷代思想家的表現。《中國實學思想史》一開始就肯定許衡熱心用世，所以該書認為一些理學家批評他在理學上多是「粗跡」，卻忽略他講求理學實用實行的重要特色。因此，該書特別指出許衡不以沿襲陳說為滿足，直接批評宋末理學的隱僻空疏，認為此有害於道，作者更進一步認為：「理不僅是儒道之理，也是事物實在之理；一切道理要驗之於事物，觸及事物的道理。而其重人倫、治生最為先務的主張，都是其實學思想的發揮」。該書以「實學」的思考角度，將理學的純理論特質轉化，以便銜接自先秦儒學所嚮往的「內聖外王」理想，我們也因而從理學繁複的概念紛爭中，見到理學實踐性的傾向。這樣的觀點，使得我們對許衡的思想採取了較為寬闊的看法，研究的過程也必須試圖結合時代環境與許衡的立身處事材料，才能較一較為全面性的探討。譬如這本書所強調的觀點為：「許衡把人

〔註20〕詳見葛榮晉主編，《中國實學思想史》（北京：首都師範大學出版社，未註出版年）。

〔註21〕依照葛榮晉等人的說法，「實學」的概念雖然隨時代轉變迭有新見，但大都以「實體達用之學」的立場為主，他特別歸納出宋明理學家的「實學」想法是：「依據儒家的內聖外王的原則，宋明實學家必須由實體轉向達用，將內聖之實體轉化為外王之實用，才能成為真正的聖人。所謂達用，在實學家那裡，又有兩層涵義：一曰經世之學，即用於經國濟民的經世實學；二曰實測之學，即用於探索自然奧秘的自然科學。」（《中國實學思想史》，北京：首都師範大學出版社，未註出版年）。我們認為，就許衡的學術思想而言，實兼具此兩者。

倫道德問題，置於社會經濟生活上來觀察的。在這中世紀的元代，實是一種進步的思想。而這一思想，是從道德論上強調重視民之衣食『生理』，做為學者首當重視的先務，也是學者用世的實務。」我們認為，這樣的觀點，的確十分具有參考的價值。

第二節　問題提出

　　經由上述的討論，我們了解許衡學術思想的內涵，同時兼具繼承儒學的成果與適應時代環境的特性。然而，這不過是兩條詮釋許衡思想的大方向而已，每一條大方向之下，學者雖然都有或深或淺的討論，但是由於研究許衡的學者畢竟缺乏，專論許衡的學術著作又少，以致完整描述許衡學術思想體系者自然不多，所以可供我們借鏡之處就十分有限。儘管如此，我們還是可以結合元初的史料，以及若干論及時代環境與當時儒學發展的學術論文，討論許衡學術思想的一些關鍵性問題。這些問題，將引導我們進行許衡倫理道德價值體系的建構工作，同樣地，透過這些問題的澄清，也有助於我們消化吸收既有的研究成果，發展出更新的詮釋策略。

一、儒學傳承上的問題

　　許衡曾自謂上承程朱之學，然此程朱理學雖在先秦儒學的基礎上迭有新創，卻仍在儒學的大環境之內，所以許衡在回答世祖問其所學為何時，即應之曰：「學孔子。」（《元朝名臣事略》卷八，〈左丞許文正公〉）〔註22〕，此言實乃透露出許衡直承孔孟的心願。程朱之學本以延續孔孟道統為職志，因此我們似可做如下的推想：許衡畢生的志業，一以先秦孔孟所樹立的典範為標準，但學術思想的建構，則以程朱之學為基石。換句話說，許衡繼承自先秦孔孟到兩宋理學的思想傳統，將之應用在「內聖外王」的事業上，此乃先秦孔孟之志，傳諸兩宋理學家而不曾改變的理想。

　　然而，就許衡而言，實際的狀況或許並不是那麼單純。以繼承程朱之學來說，許衡接受程朱思想的動機，如果是為了完成儒家「內聖外王」的最終目標，那麼當時的學術生態，對他有何影響？他是透過怎樣的學習過程接受程朱之學？他又是如何呈現他所接受的程朱之學？他是以何種心態接受程朱

〔註22〕本文採用的版本為蘇天爵輯撰、姚景安點校的《元朝名臣事略》（北京：中華書局，1996 年），以下不贅。

之學，並轉化成爲他經世致用的基礎及教化的內涵？這些都是我們研究許衡思想時，必須進一步深思的問題，否則只是平列式的展現許衡說過什麼，談過什麼問題，縱使可以指出許衡曾經關切的論題，卻無法看出許衡的學說在當時的重要性，以及許衡如何從對儒學的體悟中，將經世濟民做爲個人畢生的職志，而且開出一套倫理道德價值的體系。從另一個角度來說，就著述的份量而言，許衡的論著顯然遠不如程朱宏富，甚至較之程朱後學，仍未見其特出之處，因此，我們不能只將許衡視爲程朱之學的追隨者，僅止於銜接繼承的價值而已。即使如此，我們對許衡繼承程朱理學的情形，也必須結合當時的學術環境，以及許衡在思想與實踐上一致性的情形，加以深論，才能有所成果。以下我們就許衡在儒學的傳承方面，提出一些問題，做爲本文對以往研究的呼應，以及持續探討的思考方向。

（一）從當時學術的大動向來看。金末元初，北方政局混亂，刀兵四起，煙硝瀰漫，民不聊生，學術思想傳承的工作大多停擺。儒士或亡於戰火，或委身黃冠，而士大夫流徙四方〔註 23〕，朝不保夕，更遑論挺身傳播儒學。直到地方漢軍地主開始興學養士，再加上以皇弟身份總理漢地事務的忽必烈獎掖儒學，大興儒教之後，儒家的事業才逐漸勃興，北方的儒者才算眞正地站上政治的舞台。

金以儒教立國，似與南方朝廷無異，知識份子在科舉制度的誘導之下，多以文學見長〔註 24〕。然金末元初之際，儒學以亡金爲鑑，則產生兩種不同主張的儒學流派：其一就是金源遺士、邢台集團，此乃因漢地世侯嚴實、張柔等撫輯亡金儒士，興學設教，培養出許多日後位居宰輔的儒臣，這批儒者重實用，有出身刀筆吏者，也有游士階層，多有參與政治實務工作的經驗；其二爲正統儒學集團，也就是以許衡、竇默、姚樞爲首的一批儒者，自趙復北傳程朱之學後，正統儒學集團便是程朱之學主要的信仰者，故此派學者強

〔註 23〕 宋使徐霆於元太宗七年訪燕京時曾曰：「外有亡金之大夫，混於雜役，墮於屠沽，去爲黃冠，皆尚稱舊官。王宣撫家有推車數人，呼『運使』、呼『侍郎』。長春宮多有亡金朝士，既免跋焦、免賦役，又得衣食，最令人慘傷也！」（詳見彭大雅撰，《黑韃事略》，臺北：藝文，1967 年）

〔註 24〕 金自開國之後，即尊禮儒教，統治中原的時期，即開科舉，與南方朝廷無異，隨著後世金主雅好詩文，知識份子則以此爲尚，海陵王甚至在科考中規定詩賦取士，更是造成以歐、蘇文學爲主的學習氣氛。詳見王炳照、郭齊家編著，《中國教育史研究──宋元分卷》（上海：華東師範大學出版社，2000年）。

調內在修養與外在事功息息相關，缺一不可，他們重視將儒家的教化傳遞給異族的統治者，也以維繫道統爲己任〔註 25〕。金源遺士、邢台集團的學者較積極企圖建立事功，配合著政治上的實際經驗，所以入仕元廷之後，與重實利的蒙古人頗爲契合，且常因此而獲得新政權統治者的倚重。然而，重實利的傾向常見道德意識薄弱，甚至不惜犧牲廣大人民的福利，所以經常導致正統儒學集團的撻伐。譬如世祖朝的王文統就是金源遺士集團的一份子，史載他是一個聰明能幹的臣子，元世祖因平宋及內戰所造成的經濟困窘，多是依賴王文統的後勤支援，因此獲得世祖的信賴與倚重，但正統儒學集團的竇默卻譏其「學術不正」（《元朝名臣事略》卷八，〈內翰竇文正公〉），若干正統儒學集團的儒臣們甚至視文統等人爲「聚歛之臣」，而不屑與之同列〔註 26〕。

正統儒學集團不乏重實用的政治主張，但他們更強調由內而外的道德操守，才是治國平天下的惟一保障，所以正統儒學團集學者相信：「百姓是國之本，財是百姓之心，多取歛錢財，必損著百姓，損著百姓，必損著國家」（《魯齋遺書》卷四，〈直說大學要略〉）〔註 27〕的觀念，由此衍生一套良善的倫理道德規範，作爲國家長治久安的不二法門。這派學者的實用觀，並非以攫取實利、威服黎庶見長，反而是強調無私的奉獻於倫理道德規範的宣傳、發揮與實踐，積極投入儒家「內聖外王」的終極目標的追求。許衡是正統儒學集

〔註 25〕 詳見蕭啓慶著，〈忽必烈潛舊侶考〉（收入《元代史新探》，台北：新文豐出版社，1983 年）。

〔註 26〕 王文統是以李壇的謀士、岳父的身份入金蓮川幕府，後來位居宰輔，一帆風順，主要是靠劉秉忠、張易等人的推薦，商挺、廉希憲似乎也讚賞他的才幹。然漢士之間，立場未必一致，儒學正統集團就極力抨擊王文統，他們所持的理由正如竇默所言：「然平治天下，必用正人端士，唇吻小人、一時功利之說，必不能定國家基本、爲子孫久遠之計。其賣利獻勤、乞憐取寵者使不得行其志，斯可矣！若夫鈞鉅揣摩，以利害驚動人主之意者，無他，意在濱斥諸賢，獨執政柄耳！惟陛下察之。」（《元史》卷一五八，〈竇默傳〉）。許衡也痛陳元廷「徒知歛財之功，不知生財之由，不惟不知生財，而歛財之酷，又害於生財也。」（《魯齋遺書》卷七，〈時務五事〉），又推出這批臣子「多取歛錢財，必損著百姓，損著百姓，必損著國家，小人多歛錢財，教君王見喜，君王不覺百姓生受，卻道國家有利益，君王又道此人肯受天下怨，卻不知天下怨氣只在君王處。」（《魯齋全書》卷四，〈直說大學要略〉），此與孟子所謂「聚歛之臣」的說法相同，故下文我們都用「聚歛之臣」特指與許衡正治立場相對，而以理財能力掌權的元臣，如王文統、阿合馬、盧世榮、桑哥等人皆是。

〔註 27〕 本文採用《魯齋全書》的版本是郝縉編集、何瑭校正的本子（台北：廣文書局，1991 年），以下不贅。

團的領袖人物，他的主張在日後的政治實務與教化的內涵上，均獲得極大的迴響。由此觀之，在當時的學術環境下，許衡的思想別具意義，因爲他不僅堅持了先秦儒家以來的政治理想，也延續了兩宋理學的精神，爲元初儒學強烈的用世氣氛中，注入一股清流。如果上述的推論不會太離譜的話，我們接著就要問：許衡所堅持的這套倫理規範爲何？是否來自程朱之學？他是如何將這套倫理道德規範做成一理論依據，用以駁斥異端、教化人心？而且又如何以之用夏變夷、福國利民呢？

（二）從許衡學習歷程，考察其接受程朱之學的心態。《元史》花了許多的篇幅描述許衡的學習歷程，我們可以藉由這些內容，間接掌握許衡接受程朱理學的眞正心態。許衡接受程朱理學，是較後期的事，先前他曾廣博的學習很多的事物〔註 28〕，此外，雖然在經史上用力頗深，但他竟然也花了許多時間在理學家最不認同的「章句之學」上（這裡所指的「章句之學」，當指遼金以來官方特重的詩賦文章之學）。其後趙復北傳程朱理學，廣受學者歡迎，許衡從姚樞處抄錄程朱理學著作而還，反復誦讀，愛不釋手，乃盡棄先前所學章句之文，這些史實在《考歲略》中有極爲生動的敘述〔註 29〕。從許衡接觸程朱理學後的感動，以及斷然捨棄舊學的決心看來，他必然對舊學有所質疑，而且心中似有某些期待，從文獻的記載可知，他顯然是由誦讀程朱理學的過程中，得到某種深契於心的感應了。

此外，由於時局混亂，許衡除了從師研習章句之學外，其他學問的探討都靠自修或同儕間的講習，未經師授，在程朱理學的學習上，也是如此。有趣的是，章句之學雖有師授，並且歷換三師而皆遁去，許衡還是不能終守章句之學，反觀許衡僅靠抄錄程朱理學的作品，自行修讀，並與竇默、姚樞兩學友相講習，卻能終身守之，奉行不悖〔註 30〕。我們認爲，這種現象絕非偶

〔註 28〕 史載許衡「出入經傳，泛濫釋、老，下至醫藥、卜筮、諸子百家、兵刑、貨殖、水利、算數之類，靡不研究。」（《元朝名臣事蹟》卷八，〈左丞許文正公〉）

〔註 29〕 許衡從姚樞處得程朱之學後，便告從學者曰：「昔者授受殊孟浪也，今始聞進學之序，若必欲相從，當悉棄昔日所學章句之習，于事于《小學》灑掃應對以爲進德之基，不然當求他師，眾皆曰：唯。遂悉取向來簡帙焚之，使無大小皆自《小學》入，先生亦旦夕講誦不輟，篤志力行以身先之，雖怪冬盛暑不廢也。」（《魯齋遺書》卷十三，〈考歲略〉）

〔註 30〕 《考歲略》的記載是許衡輾轉從姚樞處得其自於趙復的程朱理學著作，經過回家苦讀，且與姚樞、竇默相互講習，才逐漸發展出自己的看法，而且有「任

然，許衡對章句之學的不滿，早在與其師對話的內容中可見端倪，而且這與他日後對「能文之士」的質疑是一致的〔註 31〕。章句之學無法完成儒家「內聖外王」的使命，所以縱使長期的接觸、師長的教導，仍然不能稍減其經世濟民的熱情。許衡雖然自行研讀程朱理學，頂多與同儕相講習，未經師授，故學者多認為其涉獵未深，但許衡早有經世之心，當時的儒者，也普遍具有積極經世的期望〔註 32〕，所以他們對程朱理學中有關「內聖外王」的重要內涵，得以迅速吸收，甚至能透過某種程度的主觀詮釋，將程朱理學轉化為因應時局變化的思想基礎，不以漫談心性之說為滿足，這些都是我們不能忽略的事實。

由此觀之，許衡的確基於經世致用心態，消化吸收程朱理學，並揚棄以往章句之學，但是我們仍然好奇的是，程朱理學雖不廢「外王」之志，卻由於時代環境之故，較偏於「內聖」之學，許衡則稟於經世致用的熱誠，著意於「外王」的事業。他是如何將此著重於「內聖」的理學，轉化為某種支援「內聖外王」一連貫性理想的重要內涵？他又如何將程朱理學的傳承結果，表現在政治的實務與教化的志業之中？許衡博學的經歷，在此轉化的過程中扮演何種角色？當他做出揚棄章句之學的決定時，我們是否能夠從他的看法中，搜尋一些足以聯繫源自於程朱理學「內聖外王」的理想，以及博學經世的觀點呢？我們雖然肯定許衡的確具有經世的熱誠，但並不能武斷地判定其學術思想非承自程朱理學不可，他接受程朱理學時的興奮之狀，固然來自於經世的熱情，卻必然有某種無法苟同於其他集團儒者的因素。也正因如此，許衡的學說才有其時代的意義，他對程朱理學的繼承，才能算是深契於心，真正達到「不知手之舞之，足之蹈之矣！」（《魯齋遺書》卷十三，〈考歲略〉）的心悅誠服境界。

道之意」（《魯齋遺書》卷十三，〈考歲略〉），而薛瑄所謂「真知實踐」（《魯齋遺書》卷十四，〈薛文清公讀書錄〉），正足以說明他一生的堅持。

〔註 31〕 許衡曾謂：「今者能文之士，道堯舜周孔曾孟之言，如出諸其口，由之以責其實，則霄壤矣。使其無意於文，由聖人之言，求聖人之心，則其所得，亦必有可觀者。」（《魯齋遺書》卷一，〈語錄上〉），他對章句之學的看法，基本上和兩宋理學家是一致的。

〔註 32〕 孫克寬：「元代北方之儒，其學術精神，亦有其獨特之點，那就是富於救世與用世的精神，所學也多注意於經世實用之學，人倫間則重視禮經的典範，出於朝廷，則以天文律曆或者典章制度有所表現。」（〈元代北方之學〉，收入《元代漢文化之活動》，台北：台灣中華書局，1968 年）

（三）許衡對程朱理學的轉化，來自於當代「易簡」的訴求。「易簡」之說，起於象山在鵝湖之會後，相較於朱熹而對自己學說所提出的概述〔註33〕，許衡接受程朱之學，也曾「病其太多」（《魯齋遺書》卷十三，〈考歲略〉），因此有許多學者認爲許衡致力於調和朱陸，另外有些學者則強調許衡努力發揚「心學」，以陸補朱。然而，「易簡」的觀念解釋空間很大，象山固然企圖以「心學」對治朱子支離之弊，另開學統，這種「易簡」的做法是在理論與工夫實踐上要求全面的翻新，縱使朱子未必不談心學〔註 34〕，象山的做法，顯然是站在對立的思考面，希望更創新說，而非順著朱子的理論進一步發展的。

「易簡」的做法非得是對立的創造嗎？或許未必如此。思想家繼承前說，固然可以採對立的立場，將前人說法改造深化，發展出另一套新的詮釋，又何嘗不能採順向的繼承，將前人的說法改造簡化，也發展出一套新的詮釋內涵。「易簡」的做法適於上述的兩種情形，無論對立或順承，「易簡」都能發揮改造深化（或簡化）前人學說的功能，因此，「易簡」的做法本身不能直接影響學說的內涵，思想家對前人學說所採取的立場，才是真正的關鍵。我們顯然不能一聽到「易簡」的說法，就立該判定歸爲象山一派，當然，象山既然提出此說，後世借用「易簡」這個詞時，不免受到象山學說的影響，但我們認爲這仍須經由理論上的仔細檢核，才能加以判斷。

許衡的情況也是如此，一句「病其太多」，實在不能說明什麼，更何況翻遍史料，沒有陸學直接影響許衡思想的紀錄，許衡求學經歷中似乎也沒有接觸陸學的證據。更重要的是，他的著作中對陸學的部分隻字未提，怎能驟然判定他調和朱陸呢？元代的確有一批「和會朱陸」的儒者，自吳澄起，雖然

〔註33〕 陸象山於鵝湖之會後，和其兄之詩之中有兩句「易簡工夫終久大，支離事業竟浮沉。」（《象山語錄》上），象山此詩是在譏諷朱熹學術思想之支離，後人以「易簡」說明許衡與程朱的關係，是否就與象山的態度相仿，似乎值得研究。

〔註34〕 錢穆曾說：「程朱主性即理，陸王主心即理，學者遂稱程朱爲理學，陸王爲心學，此特大較言之爾，朱子未嘗外心言理，亦未嘗外心言性，其文集語類，言心者極多，並極精邃，有極近陸王者，有可以矯陸王之偏失者，不過朱子之心學，則無以明朱學之大全，亦無以見朱陸異同之真際。」（〈朱子心學略〉，收入《中國學術思想史論叢》（五），台北：東大圖書公司，1991 年）。錢氏的論點並非無據，本文在處理許衡與朱陸的關係時，能夠不單以「心」的出現而驟斷其爲陸學，或以陸補朱，而是就許衡文本間的相關性再加剖析，都賴錢氏之說的提點。

這種訴求已經在其著述中明確宣示，但許衡活躍於政壇時，南北未一，是否真的能夠加入「和會朱陸」的行動中，實在難以論斷〔註35〕。此外，涉及「心學」的論述，不惟象山強調，朱子也以大篇幅闡述「心」的重要性，姑且不論兩者孰優孰劣，但顯然逕以「心學」之有無爲判斷標準，直言以陸補朱，似乎立論的基礎過於薄弱，自然也無法證明許衡在兩大學派間的重要性。我們認爲，既然許衡已明言尊重程朱，就應該先從他與程朱學脈間的關係開始檢討，「易簡」的訴求很有可能只是單純的簡化，或是有意識的另建新說，並不需要一開始就預設一個類似象山的對立觀點。如果許衡理論上有歧出情形，我們從研究的角度上也不必定爲陸說，而是應該在一番嚴密的理論審核之下，再做或朱或陸，或是下一另創新說的判斷爲宜。

如果上述的觀點成立的話，我們對許衡的「易簡」訴求，似乎在解讀上應該保留一定的彈性，這正意謂著許衡可能以陸補朱，或者是將程朱之說簡化，僅在某些成份上加以開拓深化，藉以形成屬於個人消化理解後的理論系統，而此實乃因應時局，實現「內聖外王」理想的重要憑藉。這兩條可能的發展方向，將成爲本文待答的問題，我們必須經由一連串的論證過程，方可逐步揭示其內涵。可是，正因許衡的著述出自於「易簡」的訴求，所以內容多是簡略，在數量上實難望程朱項背，而且許衡引用許多程朱舊說，卻未嘗深論，故其表面上看的確無所發明，甚至難逃過簡之譏，如果單就程朱後學的立場而言，他可能是個差勁的繼承者。然而，如果我們從許衡經世的熱情來看，他對前人學說精華的去取，可能早已形成某種價值標準，以儒家對倫理道德的重視程度，此標準又產自於某種自行建構而成的倫理道德價值體系之中，而該體系實從前人思想的累積與時代的體會而來的，兩者呈現某種互爲因果的循環現象。換句話說，許衡由以往學說體悟，建構出自我的倫理道德價值體系，且以該體系權衡人人思想而去取之，具體的做法就是「易簡」，又以該體系爲基礎，達到「內聖外王」的終極目標。但我們好

〔註35〕在一片「和會朱陸」的看法之中，葛榮晉注意到時間先後的問題，他說：「陸學則被趙復摒棄在外，不予傳授。……雖然後來入元的南儒吳澄重視陸學，但他是以朱學爲主去兼取陸學的，其宗旨也是爲了朱學的發展，避免朱學的支離，使朱學成爲既能明體，又能達用的有用之學。」（詳見《中國實學思想史》，北京：首都師範大學出版社，未註出版年）。葛氏之說，明確地指出了和會朱陸是從吳澄開始，而且是以陸補朱，至於許衡是否加入「和會朱陸」陣營的問題，由於他未曾如吳澄般明白宣示，又活躍於趙復與吳澄之間，所以實無明確證據可以說明他是「和會朱陸」思潮中的成員。

奇的是，許衡如何透過「易簡」的做法，吸收前人思想，以建構其倫理道
德的價值體系？此體系又如何在指導「內聖外王」事業的過程中，發揮其
積極的作用？這些都是我們在掌握「易簡」的含意後，必須繼續深入探討的
問題。

二、時代環境的影響

　　時代環境對思想家的影響，或許不如其宣示皈依某學派，或奉行某種教
條般的明顯，思想家在其學術思想的論述中，也未必會直接提到時局與自身
學術思想的關係。然而，思想家常因對時代環境的體會有別，故而間接的調
整其思想的內涵，這是不難理解的現象。我們要深入了解思想家的思維歷程，
除了掌握其思想體系之外，還得深入探討時代環境所造成的影響，因為思想
家面對相同的時代環境，未必會形成一致的體悟，而同屬一個學派，因其對
時代感受有所差異，其學術理論的醞釀與發展，也會隨之變化。從另一個角
度觀察，學派思想之所以源遠流長，思想家的思想之所以深具價值，就在於
其思想能因應變局，再造新的契機。如果我們忽略時代環境對思想家的影響，
後代的思想將只是前人思維精華的糟粕，再無發展的必要與可能，如此一來，
人類的思想但知法古，毋須進步，人類文明也將無由發展，而呈現某種退化
的狀態。

　　儒家思想重在實踐，而儒者從經世的熱情中，展現其完成「內聖外王」
理想的積極作為，既然如此，儒家必須強調理論與實際的密切聯繫，實踐的
過程則是隨著外在形勢而不斷調適的，此調適的過程間接影響理論的建構，
終於形成思想家言行一致的基礎。孟子主張「知人論世」，就是透過思想家對
時代環境的認識，掌握其理論形式的軌跡，此法不僅可以了解思想家論述的
內涵，同時也可全盤揭示思想家理論與實踐之間不斷調適的過程。身為一個
儒者，不能自外於時代環境的挑戰，也不能知行乖違，麻木不仁，所以「知
人論世」是探討一個儒者思想的必要途徑。本文討論的對象是元儒許衡，故
其仍適用「知人論世」的探討模式，再加上元初時局混亂，北方長期異族入
主，儒者似乎早已形成某種與宋代知識份子迥異的倫理道德價值觀。緊接著
元廷統一全中國，又是一個橫跨歐亞大陸的超級汗國，儒學所受到的挑戰，
實屬空前，知識份子身處其間，又怎能沒有因應之道呢？再者，蒙古初起之
際，雖以薩滿信仰為主，但草原內諸教並存，族群融合，而釋道之風，遠勝

儒教〔註36〕，窩闊台汗時期，最初的國子學甚至是由道士主持〔註37〕，大量的儒者流離四方，朝不保夕，儒學的傳承已早見土崩瓦解之勢。儒家原有經世濟民的熱情，理精義熟的儒者也常懷有闡道斯教的使命感，坐視時局混亂，人民顛沛流離，又見聖人教化不在，儒道蕩然無存，感慨之餘，能不有所行動嗎？我們雖然不能說儒者有所謂護教的決心，但眼見理想破滅，生命事業漫無歸趨，終日吟哦於典籍者姑且不論，儒家知識份子積極投入世局，進而企求移風易俗，另創新局者，史多具載，孔孟不就是最好的典範嗎？基於上述兩點，我們很有理由相信許衡的思想，應該與時代環境的體認有關，而此體認則包含「內聖外王」事業的實現，以及儒教的發揚和傳遞。以下針對這兩點體認，提出本文所要思考的問題。

在「內聖外王」的實現方面，許衡所面對的是異族統治的政權，如何將儒家淑世的思想，具體的灌輸於元朝統治階層的觀念之中，當是重要的課題。元世祖雄才大略，禮敬儒臣，原有「以儒治國」的意願，但蒙古起於草原，以攻略殺伐奪取天下，蒙古人以征服者的姿態佔領中原，如令其驟變本族之俗，改就亡國之法，原本就是世祖與儒臣必須共同面對的難題〔註38〕。此外，世祖雖禮敬儒臣，卻重用色目人與儒臣抗衡，故其是否真心全然以儒法理政，令人質疑，尤有甚者，又因不斷地內戰和待外侵略戰爭，世祖不得不重用一批「聚斂之臣」，此舉更令儒臣們痛心疾首，而力圖扭轉。再者，蒙古人重實

〔註36〕 有關蒙古族的宗教信仰，請參閱札奇斯欽，《蒙古文化與社會》（台北：台灣商務印書館，1992年）。元初對各宗教採取寬大包容的態度，有關釋道兩家的部分，請參閱胡其德，〈蒙古碑刻文獻所見統治者的宗教觀念與政策〉；鄭素春，〈元代全真教主與朝廷的關係〉，兩文具收入《蒙元史學術研討會論文集》（台北：中華民國讀書會發展學會，1999年）。元廷開始視視儒者，並予以保護，還得援釋道之例辦理才行。相關論述請參見蕭啟慶，〈元代的儒戶——儒士地位演進史的一章〉（收入《元代史新探》，台北：新文豐出版公司，1983年）。

〔註37〕 詳見蕭啟慶，〈大蒙古國的國子學——兼論蒙漢菁英涵化的濫觴與儒道勢力的消長〉的論述，此文具收入《蒙元史新研》一書中（台北：允晨文化公司，1994年）。

〔註38〕 許衡勸世祖行漢法時就說：「國家當行漢法無擬也。然萬世國俗，累朝勳貴，一旦驅之下，從臣僕之謀，改就亡國之俗，其事有甚難者。」（《魯齋遺書》卷七，〈時務五事〉）；再觀世祖以儒法治國之後，西北諸藩叛變，就是以恢復蒙古舊俗為號召，《元史》中記載諸王的質詢「西北藩王遣使入朝，謂本朝舊例與漢異，今留漢地建都邑城郭、儀文制度，遵從漢法，其故安在？」（《元史》卷一二五，〈高智耀傳〉），這些都是十分明顯的證據。

利，因此儒臣們若欲獲得大汗信任，常須表現出過人的才幹，而且在政治經濟上展現具體的成效，這種現象從耶律楚材到許衡，多是如此。儒臣們雖在財稅政策上抨擊王文統等「聚斂之臣」，其他政務的建議卻也是就事論事，講求實效，乃至民生事務、天文科技發明，皆是如此。這種現象，透露出兩種訊息：其一，當時儒者絕非僅是口誦孔孟篇什的庸儒，他們的博學表現既可獲得統治者的信任，又是實現外王事業的重要基礎；其二，此可顯示儒臣向元廷統治者介紹儒家思想的過程中，選擇了實用的途徑，並且展現很大的彈性做法。他們沒有包袱，為了實現心中的理想，投其所好，以逐漸引導的方式，使元廷統治者接受儒教，而事實證明，他們發揮了一定的效果。

因此，我們可以說元初儒臣們不僅宣揚孔孟之道，而且必須致力掃除現實政治中的阻礙，以求「內聖外王」理想的全面落實。職是之故，儒臣們衡定其儒學理論與實踐的策略時，必須同時兼顧本身倫理道德價值體系的建構，以及外在環境的挑戰，而兩者常是互為因果，不斷調適的過程。在此惡劣的政治環境之下，許衡必須透過某些形式宣揚儒家仁義之說，並積極的爭取統治階層的認同。當然，從他多次接受元廷徵召，卻又屢次辭免的史實來看，應該不是曲合諂媚之徒，那麼，他是以何種方式爭取世祖的認同呢？我們知道，儒家本有一套以倫理道德思想為核心的政治觀，許衡如何以此說服世祖呢？詳細地說，諸如倫理化的思維、道統與治統、君臣關係、政治制度的合理化等論題，雖然都是儒家知識份子關心的主題，當元初之世，許衡如何結合對時局的體認，而將這些內涵灌輸於世祖的政治思想中呢？在教育的事業方面，許衡如何在異族統治的環境下，重振儒家教育的工作？他在諸如教育目標、教學方法、教學材料的去取中，如何呼應他心目中建構的倫理道德價值體系呢？這些都是我們必須注意的問題。

從學術傳承的立場而言，如前所述，許衡本有用世之心，故其對理學之吸收絕非僅是盲目追隨，而是將其揉合轉化，以之建構其倫理道德價值的體系，方可做為「內聖外王」理想的依據，以及個人立身處世的準則。事實上，建構此價值體系的過程中，學術思想的揉合轉化與時局的體認是並進的，而且相互依存，原因即在於學術思想的揉合轉化必須在時局體認的前提之上，才能發揮實際的效果；當對時局有所體認，而思有所作為時，又必須建構出以傳統思想揉合轉化，逐步形成的倫理道德價值體系為基礎，否則將只憑血氣之勇，而漫無歸趨。因此，許衡經由傳統學術思想的揉合轉化，建立其倫

理道德的價值體系，並以之做為「內聖外王」事業的依據。但此價值體系之建構，必然與時代的體認有密切的關係，如果我們試圖掌握許衡的倫理道德價值體系，就必須仔細考察時代的現象，以及許衡對該時代的反應，才能真正了解許衡倫理道德價值體系上的特色，與其時代的意義。

第三節　方法論上的反省

　　任何學術研究，都必須在研究方法上有所自覺，這是因為研究的對象不同，切入點與討論的角度也隨之有別，更何況即使研究的對象相同，探討的重點卻也未必一致，自覺地嚴守研究方法上的份際，將更能達成研究的目標，而不至於拾人牙慧，人云亦云。再者，學者如能在研究前，透過相關文獻的探討，掌握所要探討的問題，而且能針對研究對象作一明確的界定，進而規擬出一套日後進行研究時的指導原則，如此將更能得出研究的結論，避免不必要的冗雜、歧出。我們認為，這一套進行研究時所應遵循的指導原則，就是方法論上反省的結果，它將保障研究過程的集中，順暢，也明確地帶領研究者一步步接近相對客觀的思想詮釋結果。

　　本文以許衡為研究對象，探討其學術思想的內涵，故前文乃先藉由文獻的探討中，找出可以進一步深究的問題，同時，從這些問題的認識中，逐步形成某些可以解決問題的思考途徑。然而，此仍不是方法論的範疇，我們必須跳出思考情境之外，客觀的自我監控這些思考途徑背後的立足點，以及進行研究時可能造成的混淆不清。接下來的這套功夫，就是形成方法論上的自覺必經的過程，由此，我們便可以之為研究工作的指導原則。基於前述資料，以及相關研究問題的思考整理後，我們在研究方法上，提出以下三點原則，做為進行本研究時，重要的遵守原則。

一、學術傳承與時代影響合論

　　思想家的學術內涵，鮮能憑空而起，必有其傳承於前人之處。然而，隨著後代思想的逐漸開展，以及不同學派間的彼此揉合涵攝，思想家雖然未必能夠直承千古之遺緒，儘管主觀的意願上仍衷心嚮往之。在現實的層面上，思想家常以此為號召，開宗立派，甚至將此學術傳承的宣示，用來維繫政治理想的一貫堅持，儒家自孔孟以來，正是一直延續著這樣的學術傳承模式，也因此在中國的歷史上，扮演十分重要的角色。

　　許衡自謂遵循孔孟之道，又以程朱理學為宗，律己教人，故其所承續之學術思想脈絡，是十分明確的。然而，從先秦以來，儒家思想幾經演變，歷兩漢魏晉、隋唐以降，兩宋理學開儒學之新門徑，故稱之為「新儒學」，然兩宋理學家無不以孔孟之道為號召，學術傳承如此，政治的實踐精神亦然。但是，兩宋理學果真能全然克承孔孟遺教，分毫不差嗎？事實上並非如此，兩宋理學的成立，乃是儒家歷經釋、道兩家的考驗、催化而生，理學家多對釋、道兩派有所辯駁，也有吸收，建立理學論述時雖見其力排兩家之非，卻也常見假釋、道之說而闡釋新義的情形，這種做法，常令人感覺與釋、道不分。所以，釋、道之說與宋明理學的關係，應該不能只是被界定於毫無相涉的兩派思想，而是存在著某種相互啟發、補充的關聯性，宋明理學固然在主觀上是延續著先秦儒家的精神，實質上則是融攝各家，再造新局，這是現今學術界共通性的看法，毋庸詳論。

　　許衡繼承程朱理學的現象也是如此，他雖然接受程朱的思想，也常借程朱之說解釋某些觀念，甚至直以程朱著作興學教人，但這是否就意味著許衡全然以程朱之學為內容，無所發明？事實上並非如此。許衡接受程朱之學前，已有一段非理學式的學習，雖然他日後接受程朱理學時，曾表現出極大的熱忱，但我們不能一概否認前段學習對其建立個人學術思想體系的影響。此外，從史料可知，以許衡為首的儒者只是當時各個政治集團中的一份子，另外一批儒者（如前述邢台集團與金源遺士集團等），未必是以程朱理學為主，從前金到元初，他們一直在廟堂上有積極的表現，也深獲重用〔註 39〕。再者，元代的統治者，雖仿效前代，亦重儒教，但似乎對南宋的理學思想不太認同〔註 40〕，當時儒者似乎也不直言程朱理學，而以孔孟之道名之。基於上述情形，我們認為，即使許衡服膺程朱理學，恐怕也不得不因應當時學術

〔註 39〕　金蓮川幕府時期，投效在忽必烈帳下效命的四方之士就有六十餘人，這批人在世祖登基後，多充任中央要職，譬如楊惟中、廉希憲、王文統、楊果、劉秉忠、張易、商挺、張德輝等人，皆身居要職，卻非許衡為首的正統儒學集團成員。相關論述請參見王明蓀，《元代的士人與政治》（台北：台灣學生書局：1992 年）；蕭啟慶，〈忽必烈潛邸舊侶考〉（收入《元代史新探》一書中，台北：新文豐出版公司，1983 年）。

〔註 40〕　元初諸帝，不重儒學，甚至將儒者與薩滿、僧道並論，這顯然與蒙古的宗教思維和實利主義關係密切。即使具有儒學家教背景的世祖，也是不喜南方的理學，故儒臣多以學孔子自居，廷對之際，也罕言程朱之學。以上論述詳見李則芬，《元史新講》（四）（台北：黎明文化公司，1989 年）。

環境與實踐狀況，而有所調適了。因此，如果我們試圖掌握許衡的思想內涵，就必須釐清儒學傳承的脈絡，除了認識兩宋理學的特殊性之外，更重要的，當是以此爲基礎，分辨出許衡如何接受程朱理學，又做了怎麼樣的自我調適工作，如此才能眞正的掌握許衡的思想精蘊。

　　儒家思想是入世的，而儒者一向是以「內聖外王」爲最終理想，因此，儒家的學術思想從來就不只是純思辯的理論而已，它更講究實踐性的意義，這種思維模式，自先秦儒家到兩宋理學，不曾改變。但先秦儒家與兩宋理學家又不能無別，前者積極建立的「外王」事業，遠勝後者；後者在自然、心性之說的精緻化，超越前者。兩者固然各有擅場，若以「外王」的角度而言，難道兩宋理學家就不想經世濟民，有所作爲？答案是肯定的，但惡劣的政治環境常使得理想無法實現，他們便轉而著書立說、教授生徒，一如孔孟之不見用於世，而爲萬世師表。所以雖他們仍關心時勢，屢有建言，卻不得不將心力轉而用於建構新的理論，當時適逢釋道學說的催化作用發酵，理學家在「內聖」的部份迭有創見，藉以深化儒家道德修養工夫的內涵，便因而獲得很大的成績。是故，縱使儒家思想本身即具備積極的經世觀，卻難免因時代環境改變，而不得不有所調適，但是，如果我們從縱向的角度觀察，歷代儒者無論在「內聖」的修養工夫有所發明，或者是在「外王」的事業上建功立名，都爲儒學發展的歷史上，增添新的光彩。若以橫向的角度而言，儒者的學術偏向乃因時代而起，同樣地，其在「內聖」或「外王」的投入也對時代發生深遠的影響。換句話說，儒者因時代環境而有所調適，或許不過是某種權宜之計，而這種迂迴的策略，常是推行儒家「內聖外王」思想的必要手段，如此方可使儒家思想結合時代脈動，更能發揮其實質的影響力。

　　許衡思想的形成，顯然與時代的環境關係密切，許衡生當離亂之世，又逢元初異族主政的新局，因此許衡入仕元廷後，就必須面對不同民族意識型態的挑戰，以及來自於儒學旁支的質疑。許衡雖以繼承程朱理學爲號召，爲求「內聖外王」理想的具體實現，自然不能無視於時代環境的現實，而將程朱理學做一番因應時局的調適。正因如此，如果我們試圖掌握許衡思想的精華，就應該尋找出許衡如何在時代的變局之下，揉合繼承前人之說，建立一套「內聖外王」的思想體系。這就是說，我們不只是用縱向的考察，探討許衡發揚程朱之學的程度高低，更重要的，我們應該也採取橫向的觀察，了解

許衡如何順應時勢變化，揉合轉化程朱之學，形成自己「內聖外王」的思想體系，並付諸實踐。基於上述原因，本文進行許衡倫理道德價值體系的探究時，必須注意將學術傳承與時代影響合論〔註41〕。換句話說，許衡的思想體系中，除了承續程朱理學傳統外，也有因應時局的調適歷程，此處方透顯許衡思想體系之價值，正因如此，本文必須結合學術傳承與時局影響兩者，才能完整地呈現許衡思想的價值與義涵。

二、概念分析與系統架構兼具

　　以往有關宋明理學的研究中，在概念分析的部份，已有十分豐碩的成果。事實上，理學思想範疇中諸如「理」、「氣」、「心」、「性」、「人心」、「道心」等概念，也是理學家建立其理學思想體系的重要憑藉。學術思潮的逐漸形成，當是一群學者藉著類似概念的不斷討論，造成某種學術思想的基本走向。正因各個學者未必會有相同的結論，卻關心一致的論題，而且甚至思考的模式都會相似，譬如兩宋理學的思考模式就是從「自然觀」的討論做起，再回到「人生哲學」的構築，接著引出「內聖外王」的理想境界〔註42〕，就是一個明顯的例子。因此，宋明理學雖是大家如林，學派紛起，但我們仍然不難從中找尋出共同的特徵，就是根據這些基本概念的分析而得的。

　　從另一方面看，概念分析的研究方式也可以尋繹出學派的傳承軌跡。以宋明理學而言，許多學者經常藉由概念的分析證明學派中前後傳承的關係，

〔註41〕徐復觀曾說：「中國的思想家，係出自內外生活的體驗，因而具體性多於抽象性。但生活體驗經過反省與提煉而將其說出時，也常會澄汰其衝突矛盾的成分，而顯出一種合於邏輯的結構……因此，把中國思想家的這種潛伏著的結構，如實的顯現出來，這便是今日研究思想史者的任務。」（詳見氏著，〈研究中國思想史的方法與態度問題〉，收入《中國思想史方法論文選集》，台北：水牛圖書公司，1993年），本文的主旨，就是希望透過許衡內外生活的體驗，以及自覺接受並調整程朱理學的過程，試著找出其倫理道德價值的體系。

〔註42〕錢穆認為：「由宋儒的宇宙論轉落到人生論，在其動進向前以至於天人合一之一切實踐與活動，則仍與孔孟原來主張無別。……宋儒畸理的宇宙觀，乃始更落實於人生複雜動進的實踐中。……宋代理學家皆求在儒家人生論上安裝一宇宙論。」（〈易傳與小戴禮記中之宇宙論〉，收入《中國學術思想史論叢》（四），台北：東大圖書公司，1991年）。錢穆相信宋儒從宇宙論到人生論的論述方式，與孔孟無別，我們姑且不論是否如此，但他的確指出了宋儒的思想脈絡，本文即採用這種思考路徑，歸納出許衡建構其倫理道德價值體系的過程。

並可從此處指出個別思想家的特色。學者探討許衡的思想時，也常常使用概念分析的研究方法，尤其涉及與程朱理學異同的部分，概念的分析便常是證實許衡乃傳承程朱的最好證據。然而，概念分析的研究方法是否有所限制呢？這個答案顯然是肯定的。概念分析似乎比較適合觀念史式的研究，若研究的焦點是一個儒者的思想體系，概念式的分析方法似乎無法全幅展現儒者的思想內涵，而且分散式的概念分析，彼此若有所牴觸，不僅造成理論系統的混亂，該儒者也將被視為思想矛盾，學說滯礙難行，無足深論。此處我們姑且不驟然判定思想家的學術內涵有無價值、矛盾與否，但純以概念分析的結果，是否就可斷定該儒者思想價值的高下呢？這種做法，似乎過於武斷。特別是許衡這類儒者，如果只做概念式的分析，我們將會發現許衡著述篇幅原本不多，集中探討某些概念的份量更是有限，故概念的分析方法常常無法形成令人滿意的結論。

然而，上述說法並不意謂我們否定了概念分析的功能，但我們卻不得不正視概念分析的研究方法可能發生的限制，更何況就許衡而言，概念分析的方法顯然無法完全涵括其思想的全部內涵，更由於許衡直接史料的缺乏，又暗示某種概念分析矛盾發生的可能性大增。所以，我們雖然仍須借用概念分析法澄清許衡的思想內涵，但為了減少概念分析法相關限制發生的可能性，我們就必須搭配其他的研究方法。可是，我們該採用何種方法，才能符合許衡的個人特色，而且兼具學術傳承與時代影響兩者，進而完整地刻劃出許衡思想的精蘊呢？事實上，這個問題看似複雜，我們只要以同理心，設身處地站在許衡的立場思考，應該就不難掌握他的思想內涵。前面我們曾經提到，許衡繼承舊說之前，曾經歷複雜的學習過程，立朝之日，也必須面對許多因時代環境的現實挑戰。此外，許衡為一代儒宗，尤其熱衷於教化的事業，故其學術思想必須形成一完整的體系，藉以引導後世完成儒家「內聖外王」的崇高理想，這應該是毋庸置疑的。

許衡以儒者自居，故其思想體系當以倫理道德觀念為核心，而且以某種價值意義做標準，藉以貫串其學術思想的內涵之中，因此，我們以「倫理道德價值體系」名之，做為許衡學術思想內涵的概稱。若以方法論的角度言之，我們認為，結合「基源問題研究法」與「系統研究法」兩個方法〔註43〕，當

〔註43〕勞思光認為所謂的「基源問題研究法」，就是以邏輯意義的理論還原為起點，而以史學考證工作為助力，以統攝個別哲學活動於一定設準之下為歸宿；「系

是尋找出許衡如何建構其價值體系的過程及內涵的有效途徑。「基源問題研究法」是藉由許衡試圖解決的實際問題出發，找出許衡建構其價值體系的初衷，此即許衡思想的重心，我們依此為基點，便可以逐步消化吸收許衡的思想內涵。然基源問題界定不易，範圍過大的的敘述無關痛癢，範圍太小則不免以偏蓋全，所以我們採用系統研究的方法，將許衡論及的思想命題，做一有機的組合，並與研究者設定的基源問題相對照、調適。如此一來，研究者設定的基源問題就比較容易與材料相容，所架構出許衡的價值體系也自然與基源問題契合，許衡倫理道德價值體系便得以全幅展現。

　　基於前述的認識，我們可以說許衡建構倫理道德的價值體系，其基源問題就是：「如何在異族統治下，實現儒家內聖外王的理想境界？」正是這樣的想法，許衡積極揉合舊說，反思時代的變局，藉以建構出一套上至天子，下及黎庶都可奉行的道德規範，在學術思想的意義上說，就是一套倫理道德的價值體系。本文探討許衡的思想內涵，並不是只將其言論做一平列式的呈現，而是企圖突顯其傳承前儒之說、因應時局變化，再造儒家平明之治的用心。再者，我們已將許衡的思想內涵界定為個人建構的倫理道德價值體系，故系統的架構過程中，基源問題法與系統法的相互運用，將更有助於該價值體系的完整描述。

三、歸納與演繹兩法並重

　　以往研究某個學者的學術思想時，多是從該學者的著述資料中，歸納出若干論點，進一步組合成該學者的思想體系，如果支持這些論點的證據越多，則立論的基礎更加穩固，所得的思想體系就越發完善，所以歸納法常是學術思想的研究者樂於使用的研究方法。但是，歸納法的效用取決於文獻資料的多寡，如果文獻資料不多，論據不足，經常導致最後的結論說服力不強，所

統研究法」則是將所敘述的思想做系統敘述的方法。勞氏歷數系統法、解析法的限制後，特別推薦了「基源問題研究法」，因為他認為此法具備了「事實記述的真實性」、「理論闡述的系統性」、「全面判斷的統一性」三個條件，所以優於他法（〈論中國哲學史之方法〉，收入《中國思想史方法論文選集》，台北：水牛圖書公司，1993 年）。我們認為，研究上如果只使用「基源問題研究法」，只能向內的，回溯性的確認基源問題設定的良窳，無法展現思想家從所要解決的基源問題中，開出的一套思想體系，而此體系的架構與闡釋，則須以「系統研究法」輔之，此外，正因以「基源問題研究法」為主，勞氏所言「系統研究法」的限制也得以解除。

形成的思想體系基礎薄弱，甚至產生首尾無法兼顧的情形，再加上歷史客觀環境資料的相互印證，更是常見矛盾扞格之處，因此，歸納法可能會有的限制，實在是研究者應該重視的課題。從另一個角度談，即使文獻資料豐富，歸納的結論堅實，我們也不能驟然妄下定論，無視於客觀環境可能產生的積極影響，因爲來自於客觀環境的影響可能是無形的，或許超越了文字敘述的範圍之外。

　　前文提到，許衡的著述不多，如果我們使用歸納的方法，實在很難形成令人滿意的論點，尤其許衡自言繼承程朱之學，而程朱之學宏肆，若就其著述份量與思想內涵而言，許衡實不及兩者十分之一。學者常謂許衡繼承程朱之學，無所發明，顯然就是使用歸納法後，單以提出論點的多寡、討論內容的深淺等，將許衡與程朱相較，而形成的結論。我們認爲，這種研究方式用於證諸許衡確實爲程朱後學無誤，或是凸顯程朱之學在元代思想界的影響力亦可，但是實在無法完全展現許衡思想的地位和價值，特別是在元初的時局之下，許衡所展現的一種儒者的因時處順的智慧，以及對儒學揉合轉化的功績，幾乎完全無法顧及。那麼，我們應該如何掌握許衡思想的內涵呢？我們應該使用何種研究方法，才能全盤展現許衡學術思想的地位和價值呢？

　　事實上，歸納法仍有他的重要意義，尤其在融會貫通思想家的文獻資料時，如果沒有歸納法，這些文獻資料不過是零散的文字組合罷了，無法成爲建立思想家價值體系的憑藉。然而，如前所述，文獻資料不足可能產生的限制，以及客觀環境可能產生無形的影響，卻是研究者使用歸納法時不得不正視的課題。正因如此，我們認爲，相對於歸納的研究方法，演繹法是我們應該嘗試採用的研究途徑。結合前述基源問題的研究方法，演繹法就是透過文獻資料與時代環境的認識，所建立的基本看法，就許衡的思想研究而言，這種方法可以將歸納法的結論再做一番省察，而且將系統架構而成的倫理道德價值體系深入探討，尋找出某些文獻資料外的無形影響，消除文字資料間扞格不入的部分，使得本文進行許衡倫理道德價值體系的詮釋，更臻圓融無礙。

　　歸納法與演繹法並重，主要在於文獻資料的處理過程上，歸納與演繹兩種方法與概念分析、基源問題和系統法不同，因爲後者主要著重在理論體系的形成、建構、轉化的過程，是一組決定研究方向的大概念，落實在文獻資料的整理上，則是超越歸納與演繹的實務工作之上。我們相信，研究的過程

中如果可以將歸納法與演繹法配合得宜，應該就得以全然展現許衡思想的精髓，尤其從儒學發展的歷史上觀察，經由研究方法的徹底反省，我們將可以一洗前人對許衡的偏見，還給許衡一個較為公允的新評價，同樣地，藉由研究方法的再思考，我們也可以瞭解儒學歷久不衰，持續以新的面貌主導並影響中國學術思想的原因了。

第二章 許衡生平事蹟

　　許衡身爲一個影響深遠的思想家，他的生平事蹟，必有足以引發其學術思想發展、協助其建構倫理價值體系，以及安頓其生命事業的相關因素。我們認爲，如果能夠從這些事蹟中歸納出許衡思想發展的外在機緣，理當對掌握許衡的倫理道德價值體系，更有助益。從另外一個角度觀察，本文如欲突顯許衡之所以異於前賢，或超越時人的關鍵處，就必須從了解他的生平事蹟中做起，再結合文獻解讀的成果，唯有如此，才能還給許衡原貌，而且方能闡釋出許衡思想中隱微難辨的成分。本章主要在說明許衡的生平事蹟，全文將從「生長經歷」、「思想發展」、「仕隱與貢獻」等三個範疇，概括性說明許衡的一生行誼。

第一節　生長經歷

　　許衡生於金泰和九年（公元 1209 年），卒於元世祖至元十八年（公元 1281年），《元史》的記載是：「許衡字仲平，懷之河內人也。世爲農，父通，避地河南，以泰和九年九月，生衡於新鄭縣。」（《元史》卷一五八，〈許衡傳〉），《新鄭祠堂記》則稱：「新鄭縣西山之左里曰：陽緩，魯齋先生許文正公所生地也。先生世家河內，金季其先人避兵是邑，實先生於里中，金大安已已歲也。縣學有祠以祀，先生其事具碑。」（《魯齋全書》卷七，〈新鄭祠堂記〉），這兩條資料，大致說明許衡的出生時間和先人里籍之所在。

　　許衡生於金末，此時金朝立國已近百年，統治者昏庸愚昧，政出無狀，官員們驕奢荒淫，禍國殃民。金末的劉祈提到當時的情況爲：「當路者惟知迎

合其意，謹守簿書而已，爲將者但知奉承近侍，以偷榮幸寵，無效死之心。」
（《歸潛志》卷十二，〈辨亡〉），而來自北方的蒙古政權夾著統一草原，肇建
新汗國的強大氣勢，逐漸侵逼金國的北方要塞，金國的統治者無力抵抗，節
節敗退，以致整個中原地區幾乎都陷入戰亂的苦難之中。蒙古人進入中原後，
以摧枯拉朽之勢，迅速佔領金國大片疆土，其間燒殺擄掠，塗炭生靈，蒙古
軍「聞命以殺爲嬉。」（《靜修集》卷十七，〈孝子田喜墓碑〉），導致「城郭爲
圩，暴骨如莽。」（《秋澗先生大全集》卷三十九，〈堆金冢記〉），駭人聽聞。
許衡的家族爲避兵亂，從河內遷至河南新鄭，過著顛沛流離的生活，許衡的
幼年生活，就是在這種流徙不定、朝不保夕的條件下度過。他成年之後，動
亂仍未停止，他還曾爲蒙古遊騎所得，倖可編入「儒戶」[註1]，否則難免淪
爲奴隸或刀下之鬼。此時的許衡，雖身處動亂的時代，卻仍堅持某種道德的
標準，尤其在離亂的生活中，依然表現出不願隨波逐流的堅持[註2]。

幼年的許衡，即露出早慧的光芒，史稱：

> 先生十餘歲時，有道士謁其門謂父母曰：此兒骨清而神全，目光射
> 人，當謹視之，苟非名冠天下，即當神遊八表，馳騁方外者也，人
> 間富貴不足道也。但兩額頗暗，清節有餘而安逸不足，惜乎！父母
> 俱不得而見之。（《魯齋遺書》卷十三，〈考歲略〉）

他在幼年接受章句之學的教育時，則是：

> 幼有異質，七歲入學授章句，問其師曰：讀書何爲？師曰：取科第
> 耳。曰：如斯而已乎？師大奇之。每授書又能問其旨義，久之，師謂
> 其父母曰：兒聰悟不凡，他日必有大過人者。吾非其師也。遂辭去。
> 父母強之不能止，如是者凡更三師。（《元史》卷一五八，〈許衡傳〉）

我們認爲，這段話透露出幾點訊息：首先，我們可以發現當時的學術是以章

[註1]「儒戶」是元代戶計制度中的一類，元廷設置儒戶之初「原是爲救濟在兵燹
中流離失所的儒士。一方面使他們與佛道相等，取得優免賦役的地位；另一
方面，也有爲國儲存人才之意，並不是有意壓抑儒士。」（詳見蕭啓慶，〈元代
的儒戶——儒士地位演進史的一章〉，收入《元代史新探》，台北：新文豐出版
公司，1983年）。此後雖經耶律楚材等人的努力，儒家得與釋道同列，但儒士
真要獲得信任和重用，還是得等到世祖忽必烈登極之後，情況才會轉變。

[註2]《元史》有一段記載，主要是表揚許衡雖在離亂之中，仍不失其操守，「嘗暑
中過河陽，渴甚，道有梨，眾爭取啖之，衡獨危坐樹下自若，或問之，曰：
非其有而取之者，不可也。人曰：世亂此無主。曰：梨無主，吾心獨無主乎？」
（《元史》卷一五八，〈許衡傳〉）

句之學最爲興盛，而且章句之學是科舉選士的重要科目；其次，許衡認爲章句之學既然只是追求科舉的工具，所以無法滿足他凡事追求其背後意義的渴望，而且顯然這些老師也很難應付許衡這樣的要求；最後，許衡對學習內容和學習目標的嚮往，似乎超越了世俗的目光，而有更高的期望。

上述的信念，成爲了引導許衡一生奮鬥的目標。就章句之學以應科舉而言，許衡在其論述中一再駁斥「能文之士」的言行不一致，有違聖道，也認爲四六取士的不恰當﹝註3﹞，並積極主張由學校培育人才，取代科舉的功能﹝註4﹞；就教化的方面而言，許衡熱衷於教育的事業，這是人盡皆知的事，然其建立元代教育規模，以及發展了許多新的教學策略，這些都不能不歸功於他曲折的學習經驗和長期的教學體會。最後，雖然他自己的學術系統尙未成熟，但許衡似乎對學習的內容和目標，懷有某種憧憬和期待。我們相信，正是這種憧與期待，使得許衡在元初政壇上能夠持續不斷的積極表現，或仕或隱，也未嘗稍有懈怠，我們可以從許衡早期的學習態度上窺見端倪。因此，許衡的受教背景中，無論是經由師授，或者是自我充實、學友間相講習等方式，他在吸收知識時，都堅持某些基本原則的篩檢。

此時的許衡，在接受章句之學之餘，也廣泛的進行各類的學習。無獨有偶，除了許衡之外，元初的儒臣們所學範圍也甚爲廣泛，涵蓋許多層面，甚至佛老之學，亦有涉獵。譬如史稱耶律楚材：「及長，博極群書，旁通天文、地理、律曆、術數及釋老、醫卜之說，下筆爲文，若宿構者。」（《元史》卷一四六，《耶律楚材傳》）。儒臣劉秉忠則是「自幼好學，至老不衰，通曉音律，精算數，善推步，仰觀占候，六壬遁甲，《易經》象數，邵氏皇極之書，靡不周知。」（《元朝名臣事略》卷七，〈太保劉文正公〉）。許衡更是「出入經傳，泛濫釋、老，下至醫藥、卜筮、諸子百家、兵刑、貨殖、水利、算數之類，靡不研究。」（《元朝名臣事略》卷八，〈左丞許文正公〉），正因如此，他曾奉召定官制、立朝儀、修曆法、嚴教義、論治道、又深明醫藥之理，多才

﹝註3﹞　許衡曾說：「唐宋科目甚多，詞賦一科爲四六者設……後來於此科取人材多出將相，由用四六起人於富貴尊榮，士多用心，……聖莫如堯舜周孔，然其言難與庸夫愚兒道，或嗤鄙戲慢，……道不同則不相爲謀矣。」（《魯齋遺書》卷二，〈語錄下〉）

﹝註4﹞　許衡曾說：「學校廢壞，壞卻天下人才，及去做官，於世事人情，殊不知遠近，不知何者爲天理民彝，似此民何由嚮方？如何養得成風俗？他於風化人倫本不曾學，他家本性已自壞了，如何化得人。」（《魯齋遺書》卷一，〈語錄止〉）

多藝，一旦身居廟堂，常對於異族的政府，發揮巨大的影響力。

　　然而，我們發現，以許衡爲首的這批儒臣雖然學識廣博，但觀其論述，以及在政治上的實際表現，都是以倫理道德爲基礎，逐步落實儒家「內聖外王」的最高理想境界。所以他說：「凡爲學之道，必須一言一句自求己事，如六經語孟中我所未能，當勉而行之，或我所行不合於六經語孟中，便須改之，先務躬行，非止誦書作文而已。」（《魯齋遺書》卷一，〈語錄上〉），許衡認爲應該將所學的知識，透過倫理道德的價值觀加以衡定，而且將經過衡定的知識付諸實踐，並以達到內聖外王的理想爲目標，才是追求學問的重要意義。

　　在動亂的時局下，讀書求學是一件十分艱困的事。《考歲略》曾記載許衡求學的經過：

> 是時國日以蹙，民皆轉徙，無從師授，亦無書籍，父母知世將亂，因欲稍知占侯之術，以爲避難計，遂令與占者游，故於推步占候之家，見《書》疏義皆散亂毀缺，先生凡三往就宿其家，皆手錄之。由是刻意墳典，欲求古者爲治爲學之序，操心行己之方。（《魯齋遺書》卷十三，〈考歲略〉）

《元史》也有類似的記載：「稍長，嗜學如飢渴，然遭世亂且貧無書，常從日者家，見《書》疏義，因請寓宿手抄歸。既避難徂徠山，始得《易》王輔嗣說，時亂兵中，衡夜思晝誦，身體而力踐之，言動必揆諸義說後發。」（《元史》卷一五八，〈許衡傳〉），若非強烈的求知動機，很難做到如此的地步。前文曾說許衡對學習的內容與目標，懷抱著某種憧憬與期待，所以儘管書籍不易取得，良師難覓，隨時可能有殺身之禍，但許衡仍然對學習充滿熱忱，而且自覺地將知識化爲行爲的法則。

　　元初江漢先生趙復北傳程朱之學後，許衡展現了更爲積極的求學態度，史載：

> 壬寅，雪齋隱蘇門，傳伊洛之學於南士趙仁甫先生，即詣蘇門訪求之，得伊川《易傳》、晦庵《論孟集註》、《中庸》、《大學》章句、《或問》、《小學》等書，讀之深有默契中，遂一一手寫以還。（《魯齋遺書》卷十三，〈考歲略〉）

有些學者認爲趙復北傳程朱之學是一個歷史的機緣〔註5〕，但對許衡而言，卻

〔註 5〕有關趙復北傳理學的論述，請參見陳榮捷，〈元代之朱子學〉（收入《朱學論集》，台北：學生書局，1982 年）。

是生命與學術上的大轉折，這次的邂逅，可說是許衡學術思想的新發展，也是奠定許衡歷史地位的關鍵。一旦尋得與生命事業契合的寶藏，許衡難掩雀躍的心情，於是「自得伊洛之學，冰解理順，美如芻豢，嘗謂終夜以思，不知手之舞之，足之蹈之。」（《魯齋遺書》卷十三，〈考歲略〉），而他原本就質疑章句之學，一旦獲得程朱理學精華，不僅自己拳拳服膺，而且要求從學者盡棄章句之學而尊信之。他對從學者說：「昔者授受殊孟浪也，今始聞進學之序，若必欲相從，當悉棄前日所學章句之習，從事於《小學》洒掃應對以爲進德之基，不然當求他師，眾皆曰：唯。遂悉取向來簡帙焚之，使無大小皆自《小學》入，先生亦且夕講誦不輟，篤志力行以身先之，雖隆冬盛暑不廢也。」（《魯齋遺書》卷十三，〈考歲略〉），可見一斑。

　　儒家學術本有經世濟民的理想，元初時局動亂，文化遭受極大的摧殘，人民生活困苦，再加上異族入主，民族間意識型態的衝突〔註6〕，正如胡祗遹在世祖至元六年所言：「廟學火於兵，草莽瓦礫近七十年。」（《紫山大全集》卷九，〈樂城縣學記〉），中原傳統文化的延續，面臨空前的挑戰。儒者在此特殊的時空，又肩負著闡道斯教的使命，所以普遍都有經世致用的心態。許衡經由經典的指引、師友的勉勵，以及本身對時代亂局的體驗，逐漸確立其經世致用的堅貞意志。他的詩集中，有一篇抒發其經世致用熱情者：「身居畎畝思致君，身在朝廷思濟民，但期磊落忠信存，莫圖苟且功名新。」（《魯齋遺書》卷十一，〈訓子〉）。但是，在當時的學術環境下，促成許衡經世致用觀念的因素還有哪些？換句話說，就是除了經典的指引、師友的勉勵、以及本身對時代亂局的體驗外，是否還有某些因素足以促進許衡是以一個經世致用的心態，進行所有的學習呢？

　　許衡所學之博，絕非只是在學問上增加廣度而已，或是藉此干求爵祿，因爲其學說的關鍵處，仍以儒家思想爲核心，並試圖藉此開展積極經世的想法，接受程朱理學之後，這種意願更是明確。事實上，元初儒臣們的這種積極經世態度，在當時似乎是十分普遍的現象，以儒臣郝經爲例，他曾自述學習歷程：「十有六始如問學，世有科舉之學，學之無自而入焉，蠟乎無味也。

〔註6〕李則芬認爲漢蒙的思想差異表現在諸如「對戰爭的看法」、「選汗立儲」、「集權與分權」、「國家本位」、「生活習慣」、「法律觀念」等。我們認爲，這些思想上的差異，都是儒臣們欲實現經世致用理想時，所必須面對的挑戰。以上資料，請參閱李則芬，《元史新講》（四）（台北：黎明文化公司，1989年）。

有文章之學，學之無自而入焉，蠟乎無味也。」（《全元文》卷一二三，〈上紫陽先生論學習〉）〔註7〕，郝經不認同「科舉之學」與「文章之學」，主要在於這兩種學問「蠟乎無味也」，為什麼學問要分有味無味呢？顯然郝經對學問已有某種衡量的標準，他說：「不學無用學，不讀非聖書，不為憂患移，不為利欲拘，不務邊幅事，不作章句儒。」（《全元文》卷一三一，〈志箴〉），這段話共有六句，由六個否定句構成，但癥結處在第一句「不學無用學」，因為「非聖書」、「憂患移」、「利欲拘」、「邊幅事」、「章句儒」都無用，郝經便不屑為之。所以郝經力主「道貴乎用，非用無以見道也，天地之覆載，日月之臨照，皆有用也。六經之垂訓，聖人之立教，亦皆有用也。」（《全元文》卷一二三，〈上紫陽先生論學書〉），故其為學「始取六經而讀之……而之聖之學道之用，二帝三王致治之具在而不亡也，真有用之學也。」（《全元文》卷一二三，〈上紫陽先生論學書〉）嗣後出使南宋，曾言「聖上一視同仁，務通兩國之好，難以微軀蹈不測之淵，苟能弭兵靖亂，活百萬生靈於鋒鏑之下，吾學為有用矣。」（《元朝名臣事略》卷十五，〈國信使郝文忠公〉），為使學能效用，故郝經無畏於以身涉險、九死一生〔註8〕，其精神風範令人感佩。

除此之外，世祖禮賢下士，更是激發儒臣們將所學轉化成為某種經世的熱忱。明代薛瑄評論許衡時，提到他和世祖的關係：「世祖雖不能盡行魯齋之道，然待之之心極誠，接之之禮極厚，自三代以下，道學君子未有際遇之若此也」（《魯齋遺書》卷十四，〈薛文清公讀書錄〉），元世祖以皇弟身分治理漢地時，就與儒臣們的關係十分密切〔註9〕，自承大位之後，雖然仍禮遇儒者，但因為對外侵略戰爭所導致的財經政策、任用官吏的問題，以及蒙漢對立意識所致的文化認同問題〔註10〕，都足以造成世祖君臣間難以避免的鴻

〔註7〕 本文採用李修生等編，《全元文》（南京：江蘇古籍出版社，1999年），以下不贅。

〔註8〕 郝經曾以國信使的身分出使南宋，欲消弭兵禍，但遭南宋權臣所執，拘禁十六年，直到至元十一年，元丞相伯顏南伐，始獲釋，事具見《元史》本傳、《元朝名臣事略》卷十五〈國信使郝文忠公〉的部分。

〔註9〕 元世祖忽必烈居潛邸所延請的，以及在登帝位後再徵召的儒臣，共有二十餘人，均對元初政局有所貢獻，詳見蕭啟慶，〈忽必烈時代《潛邸舊侶》考〉（《元代史新探》，台北：新文豐出版公司，1983年）。

〔註10〕 蒙漢意識型態的衝突如前所述。元世祖一統中國，身兼中國皇帝與蒙古大汗，蕭啟慶曾以「統一」與「統合」的概念，分析世祖征南宋前後對各民族採分化不統合的政策，藉以維持蒙古人的政治、經濟特權。由此可見元世祖不管是主觀的意願或客觀的牽制，都還是必須維護蒙古人的統治優勢。（蕭啟慶，

溝。這個現象，我們可以從竇默推薦許衡爲相，而世祖卻有不悅的表現可知一二了〔註11〕。儘管如此，表面上，元世祖對儒臣的態度始終如一，不僅許衡如此，其他儒臣也是一樣，所以世祖朝在當時得以受到北方知識份子的熱烈擁戴。《元史》中隨處可見元初儒臣上書的記錄，其動機無非是傳統儒家經世致用的思想，再加上世祖「虛己受言」，誠是一片君臣遇合而四海歸心的現象〔註12〕。

基於上述的認識，我們就可以接著討論許衡的仕宦情形，許衡的弟子耶律尙摘錄許衡一生的行實，有關仕宦的部分是這樣的：

> 甲寅，京兆宣撫使廉公奉潛藩命來徵。乙卯，授京兆提學，辭不受。中統元年五月，應召北上。二年五月授太子太保，力辭不受，改國子祭酒。九月以疾辭歸。三年九月應召北上。至元元年正月辭歸。二年十月應召北上，詔入省議事。四年正月辭歸。十一月應召北上。六年奉定官制。七年正月拜中書左丞，力辭不允。八年四月改集賢大學士，兼國子祭酒。十年七月以遷葬辭歸。十三年七月應召北上，脩授時曆。十五年三月授集賢大學士，兼教領太史院事。十七年春曆成，八月辭歸。十八年三月薨，年七十三。皇慶二年，詔與宋儒周、程、張、邵、司馬、朱、張、呂九人，從祀夫子廟廷。（《魯齋遺書》卷十三，〈行實〉）

許衡一生屢召屢辭，關於他仕隱的問題，容後再論，然其入仕元廷，屢任要職，其間曾奉召定官制、立朝儀、修曆法、嚴教義、論治道等，的確在元初的政治和教育工作上，發揮了十分重大的影響力。

許衡立朝之日，對民生經濟，裨益甚多，然其進退之際皆有原則，不貪

〈元朝的統一與統合：以江南、漢地爲中心〉，收入《元朝史新論》，台北：允晨文化出版公司，1999 年）

〔註11〕史載：「己酉，竇默與王鶚面論王文統不宜在相位，薦許衡代之，帝不懌而罷。」（《魯齋全書》卷二，〈中統書〉），我們認爲在世祖的心中，儒者對教化工作固然有所助益，但若是要輔助其遂行侵略的政策，從多次的勸諫中，世祖完全了解儒者顯然不是容易配合的一群，所以他雖然尊重儒教，卻不願任用儒者擔任宰輔，主要的原因就在這裡。

〔註12〕王明蓀歸納在朝士人論政的範圍有：「關於君德修養方面」、「關於政策之原則或施政之基本方向等方面」、「關於吏治方面」、「關於人才、教育、科舉等方面」、「關於法治方面」、「關於禮樂儀制方面」、「關於政令措施方面」等七類，由此可見儒臣用世之心，詳見氏著，《元代的士人與政治》（台北：臺灣學生書局，1992 年）。

功，不妄進，故「建元以來，十被召旨，未嘗不起，然卒不肯枉尺直尋而去，每入奏對，以格君心爲己任……雖切直而無忤也，然衆皆注意而聽之，衛士舉手加額曰：『是欲澤被生民、堯舜其君者也。』」（《魯齋遺書》卷十三，〈考歲略〉）。許衡不僅在入仕時多有表現，歸隱後仍孜孜不倦從事教化的工作，史載「至懷孟，簡絕人事，常居山下，課童僕，事耕墾，衡居家勤於自治，公愛兼盡，不嚴而整。閨門之內若朝庭嚴，夫婦相待如賓。凡喪祭，一遵古制，不用佛老，懷孟化之。」（《魯齋遺書》卷十三，〈通鑑〉），可知其自律甚嚴，對地方的教化工作上，也很有成績。

　　許衡入朝後，進言《時務五事》，分別在「立國規摹」、「中書大要」、「爲君難六事」、「農桑學校」、「愼微」五個方面，爲世祖朝規劃一個長治久安的新局面。他多次進策認爲國家當以漢法爲重〔註13〕，爲臣者應以格君心之非爲職志，此外，他又在官制、朝儀、曆法等各方面，貢獻一己之力，實對初建的元朝政權，奠定了穩固的基礎，《元史》中皆有明確的記載。特別值得一提的是，許衡深知教育工作的重要性，而且以擔任教職爲樂〔註14〕，其一生中幾乎都持續地在進行教化的工作，樂此不疲。正因如此，他在中央政府內培育了一批無分蒙漢的後起之秀，又爲元初的國子學訂定規模法度，影響所及，地方州縣學及私學皆群起倣尤，重新創造了自南北分隔至金末動亂後，一股儒學的教育熱潮〔註15〕。

　　許衡所示範的，不僅是一套學術思想的內涵，更是修己治人的實踐法則，在異族統治的時代裏，彌足珍貴，他以儒學爲整個元代學術定出一套明確的

〔註13〕　許衡告訴世祖：「考之前代，地方奄有中夏，必行漢法可以長久，故後魏、遼、金能用漢法，歷年最多，其他不能實用漢法皆亂亡相繼，史冊具載，昭昭可見也。」原因在於「國朝仍處遠漢，無事論此，必如今日形勢，非用漢法不可也。陸行資車，水行資舟，反之，則必不能行。幽燕以北，服食宜涼；蜀漢以南，服食宜熱，反之，則必有變異，以是論之，國家當行漢法無疑也。」（《魯齋遺書》卷七，〈時務五事〉）

〔註14〕　史載：「八年，以爲集賢太學士兼國子祭酒，親爲擇蒙古弟子俾教之，衡聞命喜曰：此吾事也。」（《元史》卷一五八，〈許衡傳〉）

〔註15〕　史載：「許文正公衡，生乎戎馬搶攘之間，學於文獻散逸之後，一旦得其書而尊信之，凡所以致君處己，無一不取於此，而朱子之書，遂衣被四海，其功詎可量哉！」（《元文類》卷三十，〈張氏新塋記〉），誠然，許衡在元初兵馬倥傯之際，推倡程朱之學，藉著教育的力量，師弟相承。的確造成北方儒學興盛之局。此外，許衡去世之後，在中央政府的政令貫徹之下，國子學不僅尊衡舊法，也將此法擴及地方官學與書院教育，這個部分我們將在本文第七章再詳細敘述。

方向，由此更證明儒學發展的韌性，也證明了儒學的確對世道人心，有所補益。另外，許衡在闡揚儒家學術思想之際，尤其注重實踐的部分，他矢志效法諸葛亮「不問利害只求義理，孔明見得眞，當時只以復漢討賊爲當然，至於成敗利鈍，非臣之明所能逆睹也，歸之於天而已，只得如此做，便是聖賢之心，常人則必計其成敗利害也。」（《魯齋遺書》卷一，〈許錄上〉），身體力行，爲人表率，甚至臨終前尚不失其守：

> 十八年春，先生疾甚，醫者診之曰：偏陰偏陽謂之疾，今六脈皆平，
> 先生其少瘳乎？公曰：久病而脈平者，不治，吾殆將不起矣，遂不
> 服藥。頃之，稍得，適仲春祭祀，公曰：吾一日未死，可不有事於
> 祖考乎？遂力疾奠獻如禮，既徹，家人餕怡如也，遂曳杖於門曰：
> 予心忡忡然。瞑目坐，久之，曰：死生何異人，精神能有幾，世事
> 何時窮，遂發嘆歌子朱子，睡起林風瑟瑟，覺來山月團團，身心無
> 累久輕安，況有清涼池館，句穩翻嫌白俗：情高卻笑郊寒蘭，膏元
> 自少陵殘，好處金章不換，歌罷，奄然而逝。（《魯齋遺書》卷十三，
> 〈考歲略〉）

許衡的一生，熱烈地期望達成儒家「內聖外王」的理想，並將這個期望，落實爲具體的行動，積極在政治、社會、文化、教育等層面，發揮其巨大的影響力。正由於他對經世致用，常懷有不變的堅持，所以他的學術思想實踐性強，對國家社會的關懷面也廣，這是我們可以肯定的部份。

第二節　思想發展

中國傳統思想的發展過程中，起點或不相同：有謹遵師訓，不敢踰矩，終生以傳揚師說爲職志者；有追慕古人，捧書自課，矢志以古爲師，企圖再現古人風致者。當然，謹遵師訓者，未必不能另造新局；追慕古人者，也可能是託古立言，迭有新創。但我們要強調的是，中國傳統思想一向保有尊師法古的習慣，思想家動輒子曰孟云，一個個以闡發千古之遺續，弘揚不朽的聖道爲畢生職志。然而這種做法是否會使人有所誤解，後世學說不過是前代思想精華的再解釋？或者可以這麼說，後代的學者發展其學術思想時，是否都籠罩在前人的陰影之中呢？許衡自認爲程朱後學，又向元世祖稱其乃「學孔子」，不由得讓我們直接聯想到許衡是否只是程朱的追隨者，孔門的仰慕者而已呢？

　　事實上，以儒者而言，他們雖然都奉孔孟為宗師，且將經典的詮釋視為形成其思想內涵的主要來源，但隨著時代演變，以及來自其他思想的刺激，繼承舊學、揉合新說，再造學術思想的新格局，是十分自然的事，譬如兩漢儒學、宋明理學、清代樸學都是很好的實例。儘管如此，他們以古為師，卻是事實，而且我們認為這種做法也確有其具體的意義：首先，古人之學術思想可資取鏡者，當為儒者發展其學說的基礎，故以古人為師，具有理論建構的實效；其次，古人之學行事蹟可供效法者，當為思想家立身處事的楷模，故以古人為師，具有典範的意義；最後，古人之為學派精神象徵，可做為學派思想號召者，當為儒者結合同道，進而成為影響政局的巨大力量，故以古為師，具有實用的功能。因此，當我們試圖探討儒者發展其學術理論的過程中，與古人思想的關係時，似乎不能只是表面上的觀察誰影響了誰，或是誰採用了誰的多少說法，而是應該更深入了解儒者的用心，如此將更能掌握儒者如何發展其學術思想的過程。我們除了探討學術思想古今傳承的問題之外，也不能忽略外在環境可能帶來的種種效應。

　　如果上述推論無誤，許衡思想的發展，應該也是遵循著這樣的模式。許衡曾在廣泛的學習後回歸到程朱理學的懷抱，而且終其一生，無論立身處事或教化後學，都對程朱之學奉行不悖。其故安在？史載許衡學習程朱理學的過程中，未經師授，他卻能終生由之；章句之學與其他的學習領域，則是接受過長期的教導訓練，但最後卻不是「盡棄」，就是隱而不顯。這種現象，又暗示了什麼？對許衡思想的形成與發展，有何意義呢？許衡將對程朱理學的體會，實際應用在政務和教學時，採取了什麼樣的態度呢？這與其思想的發展，產生了什麼樣的互動關係呢？我們認為，這些質疑都能直接關聯到許衡思想形成與發展的現象。然而，本節討論許衡思想的發展，不擬在思想體系的架構上深論之，因為其所逐步建立的倫理道德價值體系，本文將在以下各章一一闡釋。我們只就許衡的學習過程，觀察其如何經由廣泛的學習、時局的體驗，而回歸到程朱理學的規模，藉此再進一步形成其倫理道德價值體系的過程。

　　許衡早期是接受章句之學的教導，但他對學習章句之學的功用，很早就提出了質疑，「幼有異質，七歲入學授章句，問其師曰：讀書何為？師曰：取科第耳。曰：如斯而已乎？師大奇之。每授書又能問其旨義，久之，師謂其父母曰：兒穎悟不凡，他日必有大過人者。吾非其師也。遂辭去，父母強之

不能止，如是者凡更三師。」（《元史》卷一五八，〈許衡傳〉），許衡質疑了章句之學乃爲取科舉的說法，似乎對學問的功能懷有更大的期待和憧憬，而他受書必問旨義的學習態度，配合前面對學問的期待心理，則可見其積極用世的熱忱，以及建立自己學術體系的傾向。但當時程朱之學尚未全面北傳，章句之學又是當時的顯學，所以許衡即使換了三個老師，恐怕還是無法滿足他的求學需要，而蟄伏在心中那股追求學問的渴望，以及經世致用的熱情，顯然未能獲得紓解。爲什麼我們可以這麼斷定呢？金末的章句之學已成爲士子攫取功名的工具，金末的劉祁曰：「金朝取士，止於詞賦、經義學，士大夫往往局於此，不能多讀書。」（《歸潛志》卷七），更嚴重的是金宣宗時的儒生「學文止於詞章，不知講明經術爲保國保民之道。」（《歸潛志》卷十二），這種現象，顯然是將學問作爲干求利祿的工具，故章句之學自然難以滿足許衡積極用世的殷切期望。

緊接著時局動盪，許衡獲得知識不易，但他仍然堅持學習的熱忱，所以這段時間，他反而接受了許多不同於章句之學的新體驗，「是時國日以蹙，民皆轉徙，無從師授，亦無書籍，父母知世將亂，因欲稍知占候之術，以爲避難計，遂令與占者游，故於推步占候之家，見《書》疏義皆散亂毀缺，先生凡三往就宿其家，皆手錄之。由是刻意墳典，欲求古者爲治爲學之序，操心行己之方。」（《魯齋遺書》卷十三，〈考歲略〉）《元史》也有類似的記載：「稍長，嗜學如飢渴，然遭世亂且貧無書，常從日者家，見《書》疏義，因請寓宿手抄歸。既避難徂徠山，始得《易》王輔嗣說，時亂兵中，衡夜思晝誦，身體而力踐之，言動必揆諸義而後發。」（《元史》卷一五八，〈許衡傳〉）。此外，他也曾經從舅氏學史事：「時民間徭戍繁迫，舅氏適典縣吏，先生從授史事，參摭民議，考求立法用刑之原，久之，以應辦宣宗山陵，州縣追呼旁午，代舅氏分辨，因見執政方怒，舅氏不敢見，及見先生應對，則以溫言撫慰，還，嘆曰：『民不聊生，而事督責以自免，吾不爲也』，遂不復詣縣，而決意求學。」（《魯齋遺書》卷十三，〈考歲略〉），這段經驗，顯然對他產生了很大的影響，而他之所以不同於其他漢士，試圖從刀筆吏晉身官宦之門，反而專意於孔孟程朱之學，也可從此得知。

前三段文字概述了許衡接受章句之學後的學習經歷，在此經歷中他除了學習推步占候、吏事等知識之外，也主動地學習《書》、《易》這兩本儒家的經典。值得特別強調的是，他學習這兩部經典時，即使殘缺不全而且未經老

師指導，他仍然主動地探究其中的義理，更將所學付諸實踐，做為立身處事的標準。前文說他「既避難徂徠山，始得《易》王輔嗣說，時亂兵中，衡夜思晝誦，身體而力踐之，言動必揆諸義而後發。」則是一明顯的例子。日後教導學生時，也秉持這樣的為學態度「嘗問諸生此章書義，若推之自身，今日之事有可用否，大凡欲其踐行而不貴徒說也。」(《魯齋遺書》卷十三，〈國學事蹟〉)，可見他時時刻刻都是以經世濟民為念。

史載楊惟中效命軍前，得儒士趙復（仁甫），攜之北歸，建太極書院，延趙氏講程朱理學，從學者甚眾。許衡透過學友姚樞（雪齋先生）獲得程朱理學的相關著作，讀後十分興奮，遂翻然改之：

> 壬寅，雪齋隱蘇門，傳伊洛之學於南士趙仁甫先生即詣蘇門，訪求之，得伊川《易傳》，晦庵《論孟集注》、《中庸》、《大學》章句、《或問》、《小學》等書，讀之深有默契于中，遂一一手寫以還。聚學者謂之曰：昔者授受殊孟浪也，今始聞進學之序，若必欲相從，當悉棄前日所學章句之習，從事於《小學》洒掃應對以為進德之基，不然當求他師，眾皆曰：唯。遂悉取向來簡帙焚之，使無大小皆自《小學》入，先生亦旦夕講誦不輟，篤志力行以身先之，雖隆冬盛暑不廢也。(《魯齋遺書》卷十三，〈考歲略〉)

許衡在接受程朱理學之前，雖然不太認同章句之學，但還是以之為主，而且學有所成，教授生徒。然而，他這次接受程朱理學後的學術轉向，彷彿是生命事業的大轉折，他不僅身體力行，率先實踐，也要求從學者投入這股追求學問的熱忱之中。我們認為，此舉不僅表示他對教育工作的責任感，更重要的是，他或許是有意識地培養一批學生，共同協助推展政治和教育的工作，以達成儒家「內聖外王」的使命。我們從他日後持續關心教育事業、擔任國子祭酒時也引介學生充任助教〔註16〕，教導出來的學生在政治上的表現不違他的思想矩矱，或許都和這時的考慮有所關聯吧！

此外，許衡雖然放棄章句之學，接受程朱理學，卻在自修或與學友講習之際，仍然廣泛的研究許多實用的學問。史載他：

> 從柳城姚樞得伊洛程氏及新安朱氏書，益大有得，尋居蘇門，與樞

〔註16〕史載許衡：「乃奏召舊弟子散居四方者：王梓、韓思永、蘇郁、耶律有尚、孫安、高凝、姚燧及其弟墩、劉秀偉、呂端善、劉安中、白棟，皆驛致館下為伴讀，欲其夾輔匡弼，薰陶浸潤而自得之也。」(《魯齋遺書》卷十三，〈國學事蹟〉)

> 及竇默相講習，凡經傳、子史、禮樂、名物、星曆、兵刑、食貨、
> 水利之類，無所不講，而慨然以道爲己任，嘗語人曰：「綱常不可一
> 日而亡於天下。」（《元史》卷一五八，〈許衡傳〉）

事實上，元初儒者多重「實學」，因時代的需要，所以即使像許衡這麼強調心
性之學的儒者，仍然不廢廣博的學習，以便因應未來從政時的需要。但我們
不能忽略的是，他仍「慨然以道爲己任」，念念不忘「綱常不可一日而亡於天
下」，所以廣泛學習的用心，還是爲實現「齊家、治國、平天下」的終極理想
而努力。

　　許衡的廣泛學習，確實在日後的政務上，產生很大的效果。以定官制爲
例，「先生歷考古今設官分職之本，沿革之由，與夫上下統屬之序，其權攝增
置冗長倒置行之有弊者，率皆不取，自省都郡縣體統之正，左右臺院輔弼之
制，內外百司聯屬控制之差，后妃儲藩隆殺之防，悉圖爲定制以聞。」（《魯
齋遺書》卷十三，〈考歲略〉）。許衡奉詔釐定官制，乃稽古辨今，企圖爲國家
立一長治久安的堅實基礎，故其能無視於權貴的威逼，就事論事，自覺地說
出「吾論國制耳，何與於人。」這顯然和他廣博學習時所言「綱常不可一日
而亡于天下」的觀念，完全可以呼應。

　　許衡發揚程朱學說，歷史上早有定論，正如下段文字所述：

> 世祖皇帝既定天下悼從文化，首徵覃懷許文正公爲之輔相，文正之
> 學，尊明孔孟之遺經，以及伊洛諸儒之訓傳，使夫道德之言衣被四
> 海，故當時學術之正，人才之多，而文正之有功於聖世，蓋有所不
> 可及焉！逮仁廟臨御，肇興貢舉，綱羅俊彥，其程試之法：表章六
> 經，至於《論語》、《大學》、《中庸》、《孟子》，專以周程朱子之說爲
> 主，定爲國是，而曲學異說悉罷黜之。是則列聖所以明道術以正人
> 心，育賢材以興治化者，其功用顧不重且大歟！（《滋溪文稿》卷三，
> 〈伊洛淵源錄序〉）

許衡在教學時雖然「於《書》於《易》，尤多致力，然每學者請問，則必從事
於《小學》，未嘗以此語也。」（《魯齋遺書》卷十三，〈考歲略〉），至於許衡
如何將程朱理學轉化爲其倫理道德價值體系，藉以立身行事，教化後學，本
文以下各章也將有所論述，故不贅言。此處我們要了解的是，許衡的思想發
展過程，是否有歧出於程朱理學的情形？而這些歧出在許衡思想發展中，又
具有何種意義呢？

許衡思想中最有爭議的一段就是：

> 學生治生最爲先務，苟理不足，則於爲學之道有所妨，彼旁求妄
> 進，及作官嗜利者，殆亦窘於生理之所致也。士君子當以務農爲主，
> 商賈雖爲逐末，亦有可爲者，果處之不失義理，或以姑濟一時，亦
> 無不可。若以教學與作官規圖生計，恐非古人之意也。（《魯齋遺書》
> 卷十三，〈通鑑〉）

這種說法，受到如王陽明等人的質疑，理由是：「儒者以治生爲先之說亦誤
人。」（《傳習錄》上），就是對許衡的治生說發出批評。事實上，程朱雖並未
正面討論這個問題，但陽明之後，王學的重要人物黃綰在批評王龍溪等人的
空虛不實時，就曾說過：「君子之學，豈不治生。……此孔門所以有游藝之訓，
《大學》所以生眾食寡，爲疾用舒之道也。……如此則可守終身，子孫後學
皆有所賴而有恆心也。」（《明道編》卷二），黃綰既爲王學之人，卻又支持許
衡之說，若非黃氏感於時局，就是王學也有分歧，陽明亦不否認「治生」，卻
只是認爲以之爲「先務」，將使儒學本末倒置罷了。

事實上，許衡在所上《時務五事》中有關「農桑學校」的部分，便有「衣
食以厚其生，禮義以養其心。」的文字。從民生實踐上說，許衡的說法，是
將儒家的「道」詮釋爲某種「合時義」的內涵〔註17〕；如果從時代環境上考
察，我們可知，許衡長於顚沛流離的時代，對困頓的生活深有體會，而且他
目睹金朝士子以章句之學掄魁，爲官後卻驕奢淫逸，無惡不作，一反常態。
再加上元初諸帝對儒者的評價不高，一般儒者的生活條件很差，常有放棄儒
業而改投釋道的情形，凡此種種，都足以造成許衡有關「治生」的務實想法。
史料中的許衡儒志甚堅，一生窮達皆不失其守，而且他修身治家皆能安貧樂
道，躬耕自給，若有所遺，分諸親族，卻曾因國子學諸生的稟餼無法發放，
懇求辭免〔註18〕，這些歷史現象，似乎也可做爲另一旁證。

此外，孔子所謂的「邦有道，穀。」（《論語・憲問》），就是指在其位任
其職，只要無愧於心，俸祿的取得是合理的，毋須避諱。但理學家常將儒家
對一般人的最低要求，轉化成爲某種至高無上的標準〔註19〕，所以道德的要

〔註17〕參見福田殖著，金培懿譯，〈關於許衡〉（《中國文哲研究通訊》第八卷第三期，
1998年。

〔註18〕元史載「十年，權臣屢毀漢法，諸生稟食或不繼，請還。」（《元史》卷一五
八，〈許衡傳〉）

〔註19〕陳來認爲：「儒家倫理必須褒揚那些不食嗟來之食的義士或自願守節的烈女，

求常不近人情。因為安貧樂道固是好事，富而好禮，若能行道，也非壞事，難道聖人就一定得貧窮，富貴就無法得道，這豈不是另一種型態的階級意識？事實上，生計是否規圖是第二義，真正應該強調的是合道與否，讀書為官在於澤國利民，為官乃為行道，若徒嗜利妄為則違反聖人之道，那就是本末倒置了。因此，許衡「治生」之說乃因應時局而發，是從務實的角度，指出入仕的儒者和生計規劃的問題。

此外，許衡也質疑科舉制度，這個看法和「治生」的觀念關係密切。許衡把治生列為儒者先務，他強調治生的背景是當時作官嗜利者眾，若有資給，則可專心其事，戮力從公，他就舉諸葛亮為例，說明這個道理，「其廉所以能如此者，成都桑土，子弟食衣自有餘饒爾。」（《魯齋遺書》卷十三，〈國學事蹟〉）。然而，如果讀書應考而求仕進者，多汲汲於功名利祿的追求，鋪采擒文，於聖賢之道無所用心，與做官規圖生計者又何異呢？許衡說：

> 唐宋科目甚多，詞賦一科為四六者設……後來於此科取人材多出將相，由用四六起人於富貴尊榮，士多用心，……聖莫如堯舜周孔，然其言難與庸夫愚兒道，或嗤鄙戲慢，……道不同則不相為謀矣。
>
> （《魯齋遺書》卷二，〈語錄下〉）

科舉造成人對富貴尊榮的貪念，與日後做官者的旁求妄進，有著密切的關係，所以許衡對唐代以來的科舉制度，抱著懷疑的態度。許衡的看法，並非首創，朱熹就已經看出這個問題，他說：「近世以來，如有所謂科舉之業者，以奪其志，士學相從學校庠塾之間，無一日不讀書，然問其所讀，則舉非問之所謂者，嗚呼！……以此導人，乃欲望其教化行而風俗美，亦其難乎！」（《朱文公文集·建寧府建陽縣藏書記》），前文所已論及金末士子專意於功名而無所知者，正如朱熹之所言，許衡有此感受，則是出於對時弊的深刻體會。

許衡既然質疑科舉的制度，那麼國家甄選人才，他有何看法呢？許衡主力廣設學校，並因被任命為國子祭酒而喜，原因是：

> 學校廢壞，壞卻天下人才，及去做官，於世事人情，殊不知遠近，

但這種崇中隱含著一種危險，那就是有可能導致在不斷地襃揚中把道德的最高標準當成道德的最低標準，給一般人造成較大的道德心理負擔。」（詳見氏著，《宋明理學》，台北：洪葉文化公司，1994 年）。陳來的說法的確指出了宋明理學家在道德標準上的嚴苛，後人所抨擊的「禮教殺人」，就是指高道德標準下造成的遺毒。

> 不知何者爲天理民彝，似此民何由嚮方？如何養得成風俗？他於風
> 化人倫本不曾學，他家本性已自壞了，如何化得人。(《魯齋遺書》
> 卷一，〈語錄上〉)

他之所以不贊成科舉，就因爲他認爲科舉使讀書人忘掉聖人的教誨，舍本逐末，導致知與行之間無法相應。關於這個部分的缺失，許衡認爲學校完全可以取代科舉的功能，爲國家培養與選拔人才，也得以透過學校的教化中，免除儒教在知行上的落差。許衡有關治生和科舉的意見，實與孔孟之教未曾背離，造成表面似有差異的因素，恐怕與時代環境有關，而時代環境對思想家的沖激，便導致思想家對經典、對成規的產生新詮釋。此雖與程朱理學思想多有不合之處，卻是其建構內在思想體系所不可或缺的。

除了治生和科舉的問題之外，後世評論者認爲許衡的思想內涵中，也有許多不合程朱，甚至是已形成「朱陸合流」的現象，諸如對「正心」的強調、「易簡」的論述傾向等。學者們的看法各有所據，本文不想在此處一一辨明，因爲若以我們對許衡思想發展的認識與理解，許衡應該無暇從事學術概念的辯難工作，面對時代的變局，他積極地試圖提出一套倫理道德價值的體系，用做個人道德修養的依據，也成爲政治與教化事業的標準。我們認爲，這顯然是他從幼年的學習經驗，與時代的感觸而發，透過程朱理學的啓迪，更具有其催化的作用。因此，如果許衡真的在「正心」、「易簡」、「道」等方面有所創見，或許也應該在其建構之倫理道德價值體系下，方可見其重要的意義，所以本文在討論這些概念時，擬將其移至許衡如何建構倫理道德價值體系的部分，再行申論。

第三節　仕隱與貢獻

許衡的一生，橫跨金、宋、元三代，而且這三個時代所呈現出來諸如政治、經濟、思想、文化等歷史現象的差異，理當對許衡的人生規劃與經世理想，產生了十分重大的影響。我們可以這麼說，許衡雖然繼承儒家思想精神，乃至繁衍程朱理學的遺脈，但真正足以促其成爲一代儒宗的關鍵，當推某種時代的體驗，以及由之而生的經世理想無疑。我們大膽地做此推論，並非毫無根據，由於五代以來，中國北方長期接受異族的統治，金滅遼後，更使宋朝南遁，成爲劃江南北而治的對立局面。直到漠北新興的蒙古族勢力南進，取代金朝的北方統治地位，政權易主，中國北方仍是維持異族統治的情況，

而此後許衡便在元朝統治下開始其豐富精釆的一生了〔註 20〕。在此特殊的時空環境之下，儒學事業遭受重大的考驗，透過許衡等人的努力，儒學始能繼續流傳於北方，影響所及，成為官方學術正統，教化人民的主要憑藉。今日我們重新省視許衡的學術地位，或許可以從其仕隱之堅持，以及對時代的貢獻與影響，略窺一、二。

　　許衡一生屢召而屢辭，當時的人與後世儒者對許衡的仕隱抉擇，出現了極端的看法。當然，儒家的思想本來就具有入世的傾向，但進退仕隱之際，仍有某種不能輕言放棄的原則〔註 21〕，如今我們欲探討許衡的生平事蹟，就得面臨後人對他仕隱表現的兩極評價。如何從兩極的說法中找出一個較為公允的意見呢？我們認為，歷代評述許衡仕隱的問題，還涉及「夷夏之防」的觀念，而解決之道，應該儘量還原時空條件與了解評論者的立場，因為時空條件促使思想家有所調適，而評論者的立場常會不自覺的苛求古人，或代聖立言了。

　　前文已論及王夫之對元初儒者的負面評價，乃是基於一種「夷夏之防」的立場，這是在飽嚐國破家亡之恨後的自然反應，所以批判的說辭更為犀利，這是完全可以理解的。王夫之在黍離之悲中痛斥夷夏不分，可見時代環境的沖激對夷夏觀念的內涵常有關鍵性的影響，然而，若以王夫之的觀點，試圖解釋當時的普遍觀念，甚至執之以抨擊古人，是合宜的做法嗎？我們認為其中大有問題，而癥結處便是時空條件與許衡真正的心態，惟有完全展現此兩者的實質內涵，方可觸及許衡仕隱的問題核心。

　　中國的北方長期處於外族統治，這是從唐末五代就已如此，而胡漢相融

〔註 20〕遼立國二百餘年，因其實施二元政治之成效，北方漢人並不反對其統治，金代也是如此，大批漢士一生奉獻異族朝廷，甚至協助其與南方的宋朝對抗。詳見王明蓀，〈宋元時期的分裂、統一與正統〉（收入《歷史月刊》第五期，1988 年）。

〔註 21〕孔子本身周遊列國，就已示範了積極求仕的態度，但是孔子求仕的行為，其背後的原則卻不單只是為求仕而求仕，求仕是為了實現經世濟民的理想，故因求仕而衍生許多實際問題的考慮，便不能違背這個基本原則。所以他說：「富與貴，是人之所欲也，不以其道得之，不處也。貧與賤，是人之所惡也，不以其道得之，不去也。」（《論語·里仁》）。「富貴」、「貧賤」對某些人而言，可能是求仕與否的思考主因，然而孔子卻認為是附加的價值，儒者仕或隱的抉擇，一以「道」為依準，至於因仕可能致富，因隱而不免貧窮，均不能先於「道」而做為考慮的首要條件。後世評論者認為許衡甚明孔子進退仕隱之道，即肇因於此。

合的歷史現象下，「夷夏之防」觀念淡薄，人民關心政治良窳所帶來的生活安定與否，遠比是哪個民族來統治更重要〔註22〕。譬如，黃百家評論許衡與劉因仕元應否的問題，就說：「許文正與文靖皆元人也，其仕元又何害？論者乃以夷夏之說繩之，是不知天之君之義也。」（《宋元學案》卷九十一，〈靜修學案〉）。但這種說法似是而非，許衡與劉因生於金代，實屬漢人，其「仕元之無害，不應以夷夏之說繩之」的原因，並非局限於兩人究屬何時代，爲何種族，反而應該是他們對夷夏問題的看法，以及入仕與否的主觀期待，只有歸結這兩項因素，才能反應出元初儒臣對「夷夏相混」歷史現象的普遍心態。

元儒許衡則提出一套理論，證明夷夏交替的必然性，他說：

> 大抵只是陰陽剛柔相勝，前人謂如兩人角力相抵，彼勝則此負，此勝則彼負，但勝者不能止於其分，必過其分然後止，負者必極甚然後復，各不得其分，所以相報復，到今不已。如中國與夷狄，中國勝，窮兵四野，臣服戎夷，戎夷勝，必潰裂中原，極其慘酷。（《魯齋遺書》卷二，〈語錄下〉）

許衡強調夷狄交替是歷史的必然性，主要的原因在於「勝者不能止於其分，必過其分然後止，負者必極甚然後復，各不得其分，所以相報復，到今不已。」勝者逞兇暴虐，必低首臣服後乃止，所以彼此挾怨報復，循環不已。許衡認爲要弭除這種現象，必須學習：

> 三代盛時，分別中原夷夏，君子小人各安其分，所以大治，後世不及也。且如周成康、漢文景世所謂大治者。然土字廣挾可見，彼四君者，未嘗事遠略也，治吾所當治者而已，不取其勝夷狄也，故亦不致爲夷狄所敗。（《魯齋遺書》卷二，〈語錄下〉）

許衡文字中所謂「中國」、「夷狄」究爲何指，似乎可以討論的空間極大〔註23〕，

〔註22〕譬如北宋時期曾一度攻克燕地，不久卻又落入金人之守，後人歸納其主要原因「失燕人之心者三，致金人之寇者三，……何謂失燕人之心者三？一換官，二授田，三鹽法。換官，失士人心，授田，失百姓心，鹽法，並失士人百姓心。……何謂致金人之寇者三？一張覺，二燕中戶口，三歲幣。」（詳見徐夢莘，《三朝北盟會編》卷三，〈陷燕錄〉）。宋人入燕，並沒有見到民族意識強烈的北人簞食壺漿以迎王師，卻因宋人政治措施的不當，大失人心，以致無法維持對燕地的長期治理。

〔註23〕異族入主中國，就以中原正統王朝自居，故元代君臣多將日本、交阯等國以蠻夷目之，所以許衡此處所謂的「中國」，當是指元廷，「夷狄」反而是指元廷一直想以武力征服的外族政權。但爲證明夷夏交必然性，許衡似乎又以元

但許衡明顯的不在這個歷史現象中強調所謂「夷夏之防」的立場，反而一再的重申儒家不嗜殺伐、近悅遠來的政治哲學。許衡的說辭，如果放在當時元世祖好大喜功，連年爭戰的歷史條件上，則是一個儒臣藉著夷夏說詮釋，冀望帝王能參酌古聖先王事蹟，多將關注點放在民生經濟方面，而非勞民傷財的遠略之上。

前文曾提及陶宗儀紀錄元初許衡與劉因的一段對話，當然，這段記載經考證未必符合史實，但卻反映當時對儒者仕隱的普遍看法。事實上，無論許衡出仕是基於「道不行」，或是劉因辭歸是來自「道不尊」的考慮，都是儒家傳統仕隱觀念所允許的做法，後人常有訾許而揚劉之說，此皆未盡儒家入仕之旨，而且陶宗儀的文字也似乎也並無任何褒貶之意。

元初儒臣普遍也都存在這樣的入世心態。例如耶律楚材曾說「澤民效主本予志」、「澤民濟世學英雄」（《湛然居士集》卷五，〈感事〉），但仍有「行藏俯仰且隨時，被揭懷珠人未知。」（《湛然居士集》卷二，〈丁亥過沙井和耶律子春韻二首〉）的彈性。郝經引史為證，認為這兩種做法各有所據，都是身為一個儒者合理的選擇，「伊尹五就湯，嚴陵不漢臣，所履元不殊，心跡孰與辨，濟時與全節亦各適所願。」（《陵川集》卷二，〈寓興〉）。這些詩句，都是出自於元初儒臣之手，他們所共用抒發的，就是一種經世濟民的高尚情懷，卻又透露出某種因時處順的智慧，且是堅持行「道」而在仕隱上的一種因時乘勢的智慧抉擇。蘇天爵歸納元初儒者的心態後，為當時儒者提出辯解：

> 士君子之出處，有義存焉，審其時而後動，合乎禮而後應，是以屢召而不行者，非敢故存亢也，蓋本諸道義之正，循于禮節之宜。自昔君子，進退出處之際，莫不皆然。（《滋溪文稿》卷三，〈七聘堂記〉）

其中所謂「蓋本諸道義之正，循于禮節之宜。」不就正合於孔子「邦有道則仕，邦無道可卷而懷之。」（《論語·衛靈公》）的精神嗎？

許衡乃金末元初儒者，自元世祖居潛邸時接受徵召，一直到至元十七年卒於鄉，其間屢召屢辭，竟達十次〔註24〕，後人評論這段史實，常出現兩極的意見。對許衡持贊賞的看法者，如明代的薛瑄認為「魯齋召之未嘗不往，

廷為夷狄，然實無輕篾之意，乃為元政權的合法性背書之舉，因此，許衡的中國夷狄之論，詮釋的空間極大。

〔註24〕曾云許衡：「建元以來，十被召旨，未嘗不起，然不肯枉尺直尋而去。」（《魯齋遺書》卷十三，〈考歲略〉）

往則未嘗不辭，善學孔子者也」、「魯齋出處合乎聖人之道。」、「魯齋王道望其君，不合則去，未嘗少貶以殉世，真聖人之學也。」（《魯齋遺書》卷十四，〈薛文清公讀書錄〉）。另外張履祥所謂「許魯齋篤信好學之士，其所得過於金仁山、許白雲，後人特以仕元之故，訾之太過耳。」（《楊園先生全集》卷四十一，〈備忘三〉）。這派學者的意見，並不執著於其仕元與否，而是觀察許衡出處是否合於道。如前所述，經孔孟的詮釋與示範，這套判斷合道的標準，非獨元代如此，歷代儒者的仕隱，也都是在這樣的標準下被衡定、被評論的。

張履祥曾說：「魯齋沒三百餘年以來，論者眾矣，尊其道者恆二三，訾其節者恆八九。以愚測之，讀其書者未必論其世，論其世者未必讀其書，似皆未究魯齋之本末而輕為論說者也。」（《楊園先生全集》卷四十一，〈備忘三〉），此處張履祥道出一般人不能「知人論世」，而僅以狹隘的觀點批評古人的通病。因此，陶宗儀文中有關許衡與劉因仕隱的抉擇，是來自於本身經世濟民的理想與時代的衝激所致，我們不能單以「仕」而責其「隱」，也不可因「隱」而非其「仕」，「仕」、隱」之間，蘊含複雜的因素，世人不明究理竟如張履祥所言「讀其書者未必論其世，論其世者未必讀其書」，怎能得知箇中原委？所以必須「讀其書」知其行徑，「論其世」明其進退，才是深入掌握許衡思想的竅門。

許衡的詩集中，有兩篇關於仕隱態度的資料，如「去去迷途莫問津，來還唯恐不知真，因時用舍固有命，與道卷舒宜在人。」（《魯齋遺書》卷十一，〈和姚先生韻〉）、「身居畎畝思致君，身在朝廷思濟民，但期磊落忠信存，莫圖苟且功名新。」（《魯齋遺書》卷十一，〈訓子〉）。許衡基本的態度是入世的，故「身居畎畝思致君，身在朝廷思濟民」，來去之間一依於「道」，所以「因時用舍固有命，與道卷舒宜在人」。若就史實而論，許衡蒙上召對時，「眾皆注意而聽之，衛士舉手加額曰：是欲澤被生民者也。」（《魯齋遺書》卷十三，〈通鑑〉）。其任國子祭酒，從事教化工作在乎用，而且重在能為「國用」，是故「嘗問諸生此章書義若推之自身，今日之事，有可用否，大凡欲踐其行，不貴徒說也。」、「先生嘗謂蒙古生質朴未散，被聽專一，苟置之好伍曹中，涵養三數年，將來必能為國家用。」（《魯齋遺書》卷十三，〈國學事跡〉）。可知許衡入仕之後，一切以福國利民為主，不僅如此，其學術文章、道德教化，更期盼為元朝的長治久安，奠定穩固的基礎。

接著再分析許衡辭官歸隱之因。前文已述，許衡除了老疾、致仕，還有一些史籍未及詳載的因素之外，其隱退主要的原因，應該就是「權臣屢毀漢法，諸生稟餼或不繼」(《元史》卷一五八，〈許衡傳〉)這兩個因素了。這種說法其實是有線索可循，前者許衡進《時務五事》時就曾憂心的說「今國家當行漢法，事在不疑，然萬世國俗，累朝勳貴，一旦驅之，從臣僕之謀，改就亡國之俗，其勢有甚難者，非三十年不能成功。」(《魯齋遺書》卷七，〈時務五事〉)；後者又可從許衡曾說「學者治生最爲先務，苟生理不足，則於爲學之道有所妨。」(《魯齋遺書》卷十三，〈國學事蹟〉)得到印證，所以兩者均爲許衡所堅持的信念。許衡曾對元世祖明言：「孔子謂『以道侍君，不可則止。』臣之所守，大意蓋如此也。」(《元史》卷一五八，〈許衡傳〉)，「權臣屢毀漢法，諸生稟餼或不繼」的現象，他自感無力扭轉，故歸隱以示其守死善道的決心。綜合上述資料，許衡仕隱的考慮便一覽無疑，我們也可因之給予較爲公允的評價了。

上面的論述，大概使我們了解許衡進退仕隱的抉擇，是基於某種經世致用的情操，而不拘執於「夷夏之防」的觀念，因此，許衡入仕的表現，實乃依循儒家「內聖外王」的理想而努力無疑。既然如此，我們就能夠進一步探討許衡是如何遵守儒家「內聖外王」理想的指導，而在入仕元廷時有所貢獻了。基於這樣的體認，我們認爲，許衡的貢獻似乎可以從兩方面觀察：一方面是如何在異族統治下，逐步說服統治者儒治，並掃除不合乎儒家理想的障礙；另一方面則是如何透過教育體制的訂定，傳播儒家思想，使之永爲國家長治久安的唯一憑藉。前者涉及許衡是如何在政治實務上與權臣之間的持續角力；後者則是許衡如何透過儒家教育理想、方法、制度的宣揚，並培養出一批「蔚爲國用」的弟子，傳播並實現儒家思想的歷程。

從成吉思汗開始，蒙古人就以對外擴張爲基本國策，元廷爲因應長年征戰所需，以及順應原有實用主義的思維，所以即使重用儒士的元世祖，同時也起用若干儒臣眼中所謂的「聚歛之臣」，如王文統、阿合馬、桑哥、盧世榮等人，而以許衡爲首的儒臣便與這些顯赫一時的權臣，持續了一場長期的政治鬥爭。以權臣阿合馬爲例，《元史》說他因財經的專長「爲中書平章政事，領尚書省六部事，因擅權，勢傾朝野，一時大臣多阿之。」但許衡「每與之議，必正言不少讓。」(《元史》卷一五八，〈許衡傳〉)，其後阿合馬又使其子掌樞密院之事。許衡入告世祖：「國家事權，兵民財三者而已，今其父典

民與財，子又典兵，不可。帝曰：卿慮其反耶？衡對曰：彼雖不反，此反道也。」（《元史》卷一五八，〈許衡傳〉）。對於其聚斂之行，許衡更是無法認同。他說：「今國家徒知斂財之功，不知生財之由。不惟不知生財，而斂財之酷，又害於生財也。徒欲防人之欺，不欲養人之善，所以防者爲欺也，不欺則無事於防矣！欲其不欺，非衣食以厚其生，禮義以養心其，則亦不能也。」（《魯齋遺書》卷七，〈時務五事〉），可見其不屑這批聚斂之臣所做所爲了。史載這些權臣大都沒有好的下場〔註25〕，是否是儒臣們合力圍剿的結果，似乎難以遽下斷言，但可以確定的是，許衡等儒臣的攻擊焦點，就是集中在這些權臣的財經政策，已經嚴重違背仁義治國的基本原則。

此外，許衡上書陳《時務五事》，廣泛論及「立國規摹」、「中書大要」、「爲君難六事」、「農桑學校」、「愼微」等論題，其中「爲君難六事」中，更進一步勸勉世祖以古聖先王爲效法對象，身體力行「踐言」、「防欺」、「任賢」、「去邪」、「得民心」、「順天道」等要求。由此觀之，許衡的確能以儒家經世濟民的理想爲基礎，積極地在異族統治下，說服君主接受儒家的教化，藉以全面實現內聖外王的理想，在此過程中，許衡同時也必須努力掃除不合乎儒家理想的障礙，以爭取統治者的認同，並確保儒治的推行。

許衡入仕之前，就已經有豐富的教學經驗，入仕後提倡儒學教育，則是在政治力的影響下運作的。政治力的影響與否，各有優缺點，對許衡而言，較之在野時的教育作爲，恐怕更需要運用某種政治的智慧了。政治力的影響，可以造成風行草偃的效果，因爲從中央到地方的貫徹執行，教育政策可以與其他的法令一般，收到即時的成效，藉由法制化的過程，教育的事業也可以在一定的規模下，持續成長，而且影響深遠。然而，正因有政治力的影響，學術上五彩繽紛的現象不在，教育的理想、功能、內容，甚至教法都是一致化，教育作爲制衡現實政治的功能不再，卻淪爲只是爲國家選拔人才，便利政治運行的順暢而已。尤有甚者，地方私學也列入管制，不僅主持鄉縣學者由中央任命，書院的山長變成官方指派，元代的書院制度正是如此，所以元代書院數量雖比兩宋更多，但教育的性質已是大不相同〔註26〕。即便如此，

〔註25〕 王文統諸人事蹟，詳見《元史》本傳，這些儒臣眼中所謂的「聚斂之臣」，下場都很淒涼，譬如阿合馬雖深受寵幸，卻爲王著擊殺，死於非命，世祖知其奸，又戮屍食犬，其子姪伏誅，盡沒家產，請參閱李則芬，《元史新講》（四）（台北：黎明文化公司，1989年），有精彩的評析。

〔註26〕 元代書院十分興盛，其中官方的支持是主要的原因，也正因如此，書院官學

不甘爲政治附庸的儒臣，便力圖於教育的內涵上堅持儒家的理想，而且以身作則，爲後世執教者的典範，由是儒學教育雖失批判功能，卻能在政治的影響力之下，仍不失儒學本色。

　　許衡以身居廟堂的立場推廣教育工作，除了藉經筵講習對帝王講學之外〔註27〕，一開始就希望教儒學教育法制化，而元初儒臣似乎都有類似的體認。譬如郝經在奏章上說：「於是法度廢則綱紀亡，官制廢則政事亡，都邑廢則宮室亡，學校廢則人才亡，廉恥廢則風俗亡，財賦廢則國用亡。」(《全元文》卷一二一，〈立政議〉)。學校與法度、官制、都邑等同列，就是把教育視爲政策之一。對元代統治者而言，教育也要有如其他政策的實效，才能說服其支持這項做法，許衡就抓住了元帝的心態，指出推廣儒學教育對政務上的功效。他說：

> 上都、中都，下及司縣皆設學校，使皇子以下，至於庶人之子弟，皆從事於學，日明父子君臣之大倫，自灑掃應對，至於平天下之要道。十年以後，上之所以御下，下知所以事上，上下和睦，又非今日比矣！能是二者，則萬目皆舉；不能是二者，則他皆不可期也。(《魯齋遺書》卷七，〈時務五事〉)

元以異族入主中原，人心不穩，蒙漢觀念時見衝突之勢，許衡所言之「上之所以御下，下知所以事上，上下和睦，又非今日比矣！」就是建立一個長治久安政局的必要條件，這種說法，顯是針對元世祖的處境而言的。

　　如果我們從元帝的心態上觀察，或許有另外一番的解讀。遼、金兩代從太祖肇基之始，即尊孔子、崇儒教，此後興辦學校、開科選舉，皆以儒學爲主，這個現象也在元世祖的統治時期發生，我們相信，除了邊疆民族崇拜中原文化的因素外，應該有其更加務實的意義。《元史》中有一段記載是這樣的：「世祖嘗暮召我先人（不忽木）坐寢榻下陳說《四書》及古史治亂，至丙夜

化的情況十分明顯，山長的任命、教學的方法、教材的選用等，中央政府可以掌控，這是不同於宋代書院之處，詳見王炳照、郭齊家主編，《中國教育史研究──宋元分卷》(上海：華東師範大學出版社，2000年)。

〔註27〕經筵講學，始於唐代，盛於兩宋，元初仍然常見儒臣與世祖對話的記錄，譬如「既至，首以三綱五常爲言，上曰：何爲三綱五常？公一一言之，上曰：人道之端，無大於此。失此，則不名爲人，且無以立於世矣。公又言：帝王之學，貴正心誠意，心既正，則朝廷遠近莫敢不正。自是敬待加禮，不令暫去左右。」(《元朝名臣事略》卷八，〈內翰竇文正公〉)。許衡曾上《時務五事》一文，就是總結經筵講學內容的文稿。

不寐。世祖喜曰：「朕所以令卿從許仲平（衡）學，正欲卿以嘉言入告朕耳，卿益加懋敬，以副朕意。」(《元史》卷一四三，〈躔躔傳〉)，世祖令不忽木跟隨許衡學習，是爲了政治的考慮，事實上，也有蒙漢親疏的顧慮。不忽木是蒙古人，也是世祖所信任且足堪重任的大臣，所以世祖提倡儒學教育有其政治統治上的考慮。不忽木也了解世祖的苦心，他說：「臣等向被聖恩，俾習儒學。欽惟聖恩，豈不以諸色人仕宦者常多，蒙古人仕宦者尚少，而欲臣等曉識世務，以任陛下之使令乎？」(《元史》卷一三○，〈不忽木傳〉)，蒙古人以武勇立國，文治多缺，子弟教育內容也與中原不同〔註 28〕，故而其治理中國時，便不得不借助儒家的政治思想了。於是，儒臣們與世祖的想法一拍即合，所以儒學的教育一開始是以教育蒙古子弟爲主，教育的功能還是重在爲國家選拔人才。

元代的儒學教育的確爲帝國培養出不少的優秀政治人才，這批人從皇子到平民百姓都有，這套制度也成爲國家選材的重要來源，甚至取代科舉的功能。以儒臣許衡爲例，他曾有地方教育工作的實務經驗，朝廷徵詔後擔任國子祭酒及俟後的集賢院大學士等職，故也負責中央教育政策的推動，數年的累積後，桃李滿天下。許衡的弟子無論蒙漢，皆有不錯的表現，許衡死後，其弟子耶律有尚主持教務，悉遵許衡舊規，成爲元代中央教育的一種典範，流風所及，地方鄉學私學，也競相模仿〔註 29〕。

許衡的教育作爲雖是有意識的爲國家培養人才〔註 30〕，但他藉政治的力量，在傳播程朱理學的事業上，有一定的成績，且常爲後世所稱頌。許衡雖

〔註 28〕 元世祖之前，蒙古人並無學校教育，然其教育方式，乃是結合遊牧生活型態與部落首領的權威而來的，所以諸如「家庭教育」、「生活陶冶」、「圍獵訓練」是基於草原生活的特性；「法律之實踐」、「成吉思汗之示範」與「怯薛制度」等，則是來於部落首領的權威。參見袁冀，〈十三世紀蒙人之教育〉(《東方雜誌》第二十二卷第十二期，1989 年)。

〔註 29〕 經過許衡等人的提倡，程朱之學已成爲中央地方官學的主要教育，另外，元代地方書院雖然發展興盛，甚至超越兩宋規模，卻有官學化的傾向，因此，程朱之學也成爲地方書院的主要教材相關論述，請參閱王炳照、郭齊家主編，《中國教育史研究——宋元分卷》(上海：華東師範大學出版社，2000年)。

〔註 30〕 許衡教學時嘗問諸生：「此章書義，若推之自身，今日之事有可用否？大凡欲其踐行而不貴徒也。」他又說：「蒙古生質樸未散，視聽專一，苟置之好伍曹中，涵養三數年來必能爲國家用。」(《魯齋遺書》卷十三，〈國學事跡〉)，可見其教育重實用，教育目的是爲國家培養人才。

然在政治力的影響下，推廣其儒學教化事業，但他仍然堅持儒家教化的方式。耶律有尚曾提到他教學的方式：「其立教以義理爲本，而省察必眞切；以恭敬爲先，而踐履必端想；凡文辭之小技，綴輯彫刻足以破裂聖人之大道者，皆屛黜之。是以諸生知趨正學，崇正道，以經術爲遵，以躬行爲務，悉爲成德達材之士。」(《元史》卷一七四，〈耶律有尚傳〉)，許衡的教學方式多是延續傳統的教學策略，教學內容部分是來自於對程朱理學的體會，也有部分是基於長期教學經驗的累積，提出了許多教學上的新策略，頗能符合實際的需要〔註31〕。

〔註31〕 關於許衡的教育思想，以及教學策略上的相關論述，請參閱王炳照、郭齊家主編，《中國教育史研究——宋元分卷》(上海：華東師範大學出版社，2000年)。

第三章　許衡倫理道德價值觀的基礎
——從自然觀到心性論

　　中國古代的宗教思想中，原本就存在著某種具有主宰權威的造物者觀念，人們敬天畏神，就是在這種看法中產生的，統治者也以之做爲其政權合法的基礎。然而，這種現象在信鬼好祀的殷商敗亡，周人取而代之後，有所改變，隨之發展出「天命靡常」的觀念，也將鬼神主宰政治興衰的傳統思想，轉化成爲某種人文精神的意識。這樣的解讀，就是在告訴人們必須時刻不忘戒慎恐懼的「敬」德，審慎從事，才能獲得上天的眷顧〔註1〕，永保政權的穩固。先秦儒家就在這樣的人文精神氛圍中，對抗惡劣時局所產生的暴行邪說，並肩負著重建文化生命，喚醒人類道德意識的重責大任。

　　如果我們從「自然觀」過渡到「心性論」的角度觀察，春秋戰國時期以孔子爲首的一批儒者，他們已從傳統的鬼神權威中超脫，並在內在道德心性的開發與引導上，不遺餘力，而且在理論與實踐方面，也逐漸發展出一套成熟的心性論主張。先秦儒者心性之說的發展，順應人文精神的潮流，並不須

〔註 1〕「天命靡常」的觀念見於《詩・大雅・文王》中，此乃徐復觀所謂：「天命既以人自身之德爲依歸，則天命對於統治者的支持，乃是附有很嚴格地條件的；這與過去認爲天命是無條件地支持一個統治者，大異其趣……觀乎夏商、殷周之際，一有失德，天命即轉向他人，於是而有『天命靡常』的觀念。」由此產生某種「憂患意識」的躍動，從宗教的虔誠轉化成對自身德行的要求，「敬」的觀念便逐漸從祀神的態度變成自我德性的要求。徐復觀認爲「敬」字原意是對外來侵害的警戒，是被動的直接反應心理狀態。周初的「敬」是主動的、反省的，是內發的心理狀態，是脫離神權意識的外在庇護，從經由吉凶成敗中對自我行爲的反省，產生出來的一種人文的精神（《中國人性論史》，台北：台灣商務印書館，1999 年）。

憑藉外在的天命或人格神力的賦予或規定，乃是直探道德理性價值根源，講究此發動於個人自覺的體認與實現，又能與社會倫理、團體規範若合符節，繼而形成一人類社會理想的新境界。此外，更以對天地長存敬畏之心的觀念為基礎，進而塑造出「天人合一」的理想狀態，在此狀態下，儒家要求人們透過自覺的倫理道德實踐，期能上侔天道，贊天地之化育。孔子所示範的，即是先由內豁醒道德心性的自覺能力，再外求與天道接榫，進而內外合一，天人交融，而歷代儒者也多能遵循這種思維模式，不斷發展、深化，逐漸地由內而外，交織成一個立體的倫理道德理論模型。

　　事實上，孔子的努力，已將傳統天人關係的觀念，不僅飾以人文精神的外衣，更加添了道德意義的內涵，「天」因有了道德的內涵，就成為「人」的世界中所依循、所努力、所憑藉的標準和期待了〔註2〕。孔子既然開放了對「天」的新理解，所以後世儒者一方面用心宣導倫理道德規範的內在涵義，另一方面，則以此具有道德意義的「天」為基礎，更積極尋求擴充其豐富的義涵。因此，儒家中的一派，便將研究焦點放在後者，即以《中庸》、《易傳》兩書為代表，多方闡發天道之內涵，再與人的道德意識相接，我們認為，這派學者的努力，就是期望為倫理道德的理論和實踐，積極尋找一個形而上學的依據。

　　《中庸》、《易傳》這一路數的詮釋觀，是從「天道」觀念的闡發為起點，此雖與原始儒家的取徑未必全然相合，卻也並非全無線索可循。孔子雖不言「性與天道」之事，卻常常述及「天」、「知命」的問題，且其論「天」與「知命」的問題常連著「人」來討論，並非只是孤絕的人格神威或簡單的自然法則。此外，孔子暗示人人所必須努力的道德理論與實踐，又似乎應該在自覺與「天」、「命」兩者有某種相對責任的前提之下〔註3〕，方可成立。基於前述

〔註2〕　徐復觀認為，從春秋時期開始，「天」即成為道德性之天，「神」也是道德性之神，傳統的「命」，除一部份轉化為運命之命以外，還有一部份亦漸從盲目的運命中透出，而成為道德性格的「命」。（《中國人性論史》，台北：台灣商務印書館，1999年），此後經儒家思想的強化，天的道德內涵就成為人世間努力的目標。

〔註3〕　杜維明說：「按照儒家的天人一體觀，學習做人的本真道路是從接受我們生存環境的崁陷性和根源性起步的。我們總是作為活在歷史上某一特定時刻的特定的個人而存在的，當我們把這種存在弔詭地理解成我們終極的自我轉化之工具時，我們就為了踐履與天的『盟約』而進入了同我們同胞的各種不同的對等關係之中了。」（《論儒家的宗教性》，武漢：武漢大學出版社，1999年）。

兩種論點，「由外而內」的思考方式，應該也同樣是儒者討論天人關係的理論模式，只是論述的路線有所不同罷了。但是，論述的路線雖不同，兩者在討論天人關係的理論模式卻是相合的，此處我們必須特別強調的是，孔孟之說與《中庸》、《易傳》的相合處，並不是在於是否論「天」，或是對「天」的內涵有何異同，而是他們論「天」的初衷，都是為人世間的倫理道德價值觀，尋找一個形上的依據。因此，無論是從「自然觀」到「心性論」，即所謂的「由外而內」的模式，或者是從「心性論」到「自然觀」的「由內而外」的模式，兩者論述的歸結處，還是必須回歸到倫理道德價值觀的建立之上，這是我們應該要特別注意的部分。

透過上面的理解，我們可以說，對儒家而言，「自然觀」與「心性論」的兩種不同討論方式（不論是「由內而外」，還是「由外而內」），如果站在建立倫理道德價的主體意識之下，可說是殊途同歸。然而，因為討論方式的不同，造成理論的方向便有所差異，以至於詮釋的進路不同，「自然觀」與「心性論」的內涵精粗有別。兩宋的理學家接受「由外而內」的模式，也就是從「自然觀」入手，以之作為形上的依據，然後再回歸到「心性論」的問題〔註4〕。所以從北宋周敦頤到南宋的朱熹，諸如「太極」、「理與器」、「道心與人心」、「天地之性與氣質之性」等說法，就可以證明兩宋理學家對「性與天道」論題的關切。再加上北宋諸儒崇奉的經典就是《中庸》、《易傳》，朱子所倡導的《四書》之中，《中庸》就是其中之一，他對《周易》註解的用心，也是眾所皆知

我們認為，杜氏的說法具體地呈現了「天人合一」的思想，本文借杜氏之說乃在強調天人之間的互動關係的重要性，這是因為從宋儒以來一貫的「由外而內」思維模式特性，一旦失此互動的關係，恐怕難以成立，如果我們試圖探討對許衡之說，也必須從這種互動關係的體會入手。

〔註4〕一般學者多贊同兩宋理學是從「自然觀」的討論，擴及「心性論」、「格致論」、「知行觀」等範疇，譬如李澤厚認為從周敦頤開始，他就建立了一個本體論（自然本體）→宇宙論（世界圖式）→人性論→認識論→倫理學（回到本體）的理論模式，其後理學各派大都不出此範疇，故周敦頤可稱之為理學祖師（《宋明理學片論》，台北：風雲時代出版社，1990年）；牟宗三也提到：「宋明儒就道德論道德，其中心問題首在討論道德實踐所以可能之先驗依據，此即心性問題是也。由此進而復討論實踐之下手問題，此即工夫入格問題是也。」（《心體與性體》（一），台北：正中書局，1990年）。本文將兩宋儒者由「自然觀」到「心性論」，再擴及倫理道德之事的思想模式，稱之為「由外而內」模式，乃正如牟氏所言，理學家在討論心性問題前，首在向外尋覓一超越的形上依據，故「由外而內」的說法，應該可以理解這種特殊的思維模式。

的事，這些歷史現象，都足以說明宋儒在「性命與天道」之學的卓越成就。正因如此，兩宋以降，儒者在「自然觀」與「心性論」的結合所做的努力，也隨之邁向一個新的里程碑。本文對兩宋理學有關「自然觀」與「心性論」部分的理解，是順著理學家在天道與性命之學的成就，採用「由外而內」的探討方式。也就是說，從「自然觀」的普遍認識下，聯繫著「心性論」的構成，進一步瞭解其在倫理道德意識的建構下，有何新的意義。

　　元儒許衡曾自言以程朱之學為宗，學思進路當與程朱理學相仿。故本文也以上述針對兩宋理學所採用的探討方式，進一步瞭解許衡從「自然觀」到「心性論」的思維模式，與其建立倫理道德價值觀的基礎。但是，許衡畢竟與程朱不能完全無別，因為許衡對朱學曾謂「病其太多」，而有「易簡」的訴求，再者，許衡身處元初動亂的時局，時代環境對其「性命天道」之說的發展，是否有所影響，也值得深入探討。我們相信，正如同周之克殷、孔子生於春秋亂世，客觀環境的影響，相較於學術的傳承，對一個思想家的學說而言，都具有同等的關鍵意義。於是，本文雖嘗試從「自然觀」連結「心性論」的論述過程，瞭解許衡建立倫理道德價值體系所做的準備，期望不僅僅是相關理論的單純展列，而是希望配合時代的影響給予較為全面的解釋。

第一節　「道」──理與氣的詮釋

　　本節探討的重點，集中在許衡如何藉著「理」與「氣」的討論，形成諸如「宇宙的根源」、「萬物生成變化之道」，以及「天與人之間的關係」等命題的內容。前述三個命題內，將分別集中於分析「理」的形上意義、「理」與「氣」的關係，「理氣」交合與萬物生化之道。此外，透過「理氣」問題的討論，本節也試圖歸納出許衡有關「天人關係」的看法。

一、宇宙的根源

　　儒者對自然現象的解釋，先是由具體的萬物形象觀察中，歸結出某種形而下的物質材料，接著就是以理性的思維，抽繹出事物背後所隱含的抽象原理，所謂「形而上者謂之道，形而下者謂之器。」（《周易‧繫辭》），就是這種思維方式運作之下所得出來的結論。然而，先哲從一一事物原理的歸納之中，又發現某些可以再行提煉而成的普遍原理，《易傳》中所謂「天下同歸而殊途，一致而百慮。」（《周易‧繫辭》），也正是這種思考方式的最好說明。

這個萬事萬物背後的形上原則，或以「道」、「天」、「天理」、「天命」等
稱之，當然，每一種稱呼之下，隨著傳統的習慣與學派的詮釋，各有其不同
的含意。宋明理學發展的過程中，北宋程顥可說是第一個明確提出「理」為
自然現象形上依據的學者，並且他也認為這是他獨自體認到的惟一真理，甚
至是超乎學術流派傳承的體會，所以他說：「吾學雖有授受，天理二字卻是自
家體貼出來。」(《二程集》，〈河南程氏外書〉卷十二)。程顥的「理」，是宇
宙萬物的形上根源，而不是事物的物質材料，或從一一事物的形上之理會通
而得。然而，做為宇宙根源義的「理」，卻與一一事物之理的關係十分密切，
所以朱子說：「蓋合而言之，萬物統體一太極也；分而言之，一物各具一太極
也。」(《周子全書》卷一，〈太極圖說解〉)。從另一個角度觀察，「理」是構
成事物的必要條件，所以「理也者，形而上之道也，生物之本也。」(《朱文
公文集》卷五十八，〈答黃道夫〉)，但「理」的存在就其普遍性而言，未必依
物而生，故其超然性的意義十分明確，所以朱子說：「若在理上看，則雖未有
物，而已有物之理，然亦但有其理而已，未嘗實有是物也。」(《朱文公文集》
卷四十六，〈答劉叔文〉)，理先於物而存在，又能掌控萬物，且為萬物生成變
化的規範，故能成為宇宙萬物的形上依據。因此，「理」不僅是宇宙的根源，
也同時具有超然性和普遍性的特色。

程朱所謂的「理」，就表面形式而言，就單是指一般事物背後的原理原則
而已嗎？事實上，從孔子以來，儒者論天道必及人事，所以儒家的天論絕不
停留在荒漠無朕，甚至好行賞罰的上天打轉，而是一下子便落在某種社會倫
理的法則，或是道德意識的內涵中加以論述的。朱子曰：

> 未有這事，先有這理。如未有君臣，已先有君臣之理；未有父子，
>
> 已先有父子之理。不成元無此理，直待有君臣父子，卻旋將這道理
>
> 埋入在裡面。(《朱子語錄》卷九十五)

朱子是將原本屬於宇宙根源意義的「理」，做為一般事物的普遍原理，人屬萬
物之一類，故也是社會國家之事，倫理道德的最終根源義。換句話說，「理」
除了是事物生成變化的形上法則，在倫理道德的意義上，「理」也是人倫間不
易的信條，當然，同時也是某種倫理道德價值判斷的標準。

許衡繼承程朱學說，也強調「理」的宇宙根源義。他說：

> 天下之物徹頭徹尾都是實理所為，如草木春來發生便為物之始，秋
>
> 來彫落便為物之終，故曰誠者物之始終。(《魯齋遺書》卷五，〈中庸

直解〉)

「誠者物之終始」是《中庸》的一段話，許衡仿朱子《中庸章句》的內容，以物之終始證明天下之物皆出於「實理」，這就是說，從萬物的生成變化上，應該體現「理」做為萬物形上依據的根源意義。許衡認為這個道理自然而然，不證自明，而且處處可以取譬，不煩深論，所以他說：

> 天地以實理生成萬物，如草木自然便有枝葉，如人自然便有手足，
> 不待安排。(《魯齋遺書》卷五，〈中庸直解〉)

由此觀之，程朱有關「理」為萬物形而上根源的說法，顯然已被許衡所接受，而且當作是一種常識來看待。

除了接受程朱對「理」的普遍性說法外，「理」也被許衡當成是一個絕對的本體，「天下皆有對，惟一理無對，一理太極也。」(《魯齋遺書》卷二，〈語錄下〉)。然而，「理」雖是一絕對的本體，卻也是萬物賴之以為生存的必要條件，欲從萬物中見「理」，無形則「理」不得見，所以他說：「凡物之生，必得此理而後有是形，無理則無形。」、「事物必有理，未有無理之物，兩件不可離，無物理何所寓。」(《魯齋遺書》卷一，〈語錄上〉)。許衡重視「物」與「理」之「不可相離」，就是一面強調「理」的超然性，一方面也將「理」的作用與價值，落在具體的事物上談。所以他認為「人格各循其性之自然」，則其日用事物之間莫不各有當行的道路。」(《魯齋遺書》卷五，〈中庸直解〉)，「性之自然」其實指的就是「理」，由此便可知許衡對「理」的界定是普遍的，而且有某種實用的意義，這與他的重實踐的學術性格是相符的。試想，許衡如果只強調「理」的超然性，而忽略「理」在事物的作用和價值，如此一來，「理」的意義將只停留在某種自然事物的形上規律，或只是人格神、意志天的翻版而已，此則與儒家傳統思想乖違，更難與理學宗旨相合了。

許衡接著提到：

> 只一個理，到中間卻散為萬事，如達道達德九經三重之類，無所不
> 備，及到末章推到上天之載，無聲無臭，又只是一個理。(《魯齋遺
> 書》卷五，〈中庸直解〉)

所謂「達道達德九經三重之類」，就是許衡將「理」的意義賦予倫理道德的形而上根源義，一「理」散而為萬事，故有道德九經三重等倫理道德科目的不同，匯歸於一，還是回到「理」的最後根源處。在這種意義下，「天人合一」的契機就在於這徹上徹下的「理」之中，職是之故，我們可以說：「一方面，

倫理道德之事既可歸源於天理，故道德功夫與實踐乃上應天理而行；另一方面，「上天之載，無聲無臭」中的「理」，當是萬物中的「人」天賦的特性，努力追求合乎「理」的生活，甚至可能是某種無法逃避的責任〔註5〕。因此，許衡也同其他儒者一樣，認爲所謂的「理」，不只是某種「上天之載，無聲無臭」空靈孤寂之理，而是人事的必然法則，倫理道德條目的共同歸趨。所以許衡說：「道是日用事物當行之理」（《魯齋遺書》卷五，〈中庸直解〉），「日用事物當行之理」是許衡對天理下的一個最人性化、最貼近人生的定義，由此可說明許衡當是最關心「理」在實踐人事變化中的意義，他也將之做爲待人處事的言行準則，形成倫理道德價值觀的基礎。

　　經過上述的討論，我們可以歸納許衡有關「理」的說法有：宇宙的根源義，萬事萬物的形上依據、絕對的本體、事物存在的必要條件，以及倫理道德的義涵等。不僅如此，若就許衡的理論體系而言，「理」的概念幾乎也是他「自然觀」和「心性論」的出發點，因爲它涉及以下各種論題的發展，諸如：「理」與「氣」合論，才見萬物生成變化的眞相；「理一分殊」的理論是自然法則展現其深邃奧妙之處；由「理」而命之於人則爲「性」，「天人合一」從此做起，「心」的作用也以其價值內涵爲努力的目標，甚至整個倫理道德的價值體系，就在以「理」爲起點，從「自然觀」推衍到「心性論」，一步步奠基紮根，充實穩固的。於是，許衡有關「理」的觀點，對其整體學說的鋪陳，以及建構核心的倫理道德思想時，扮演著非常重要的角色。

二、萬物的生成變化

　　宋儒將「理」的觀念作爲宇宙的根源，萬事萬物的形上依據，即是把《中庸》、《易傳》以來的天道之說更加精緻化的結果。儒家有關「理」的說法，雖然爲萬事萬物提供了某些形而上的依據，卻還是得爲事物的具體存在提供解釋。宋儒先運用《繫辭》的說法「形而上者謂之道，形而下者謂之器。」將形上形下二分，再一一闡釋形上形下，道與器二分的情形。基本上，宋儒在形

───────────────

〔註5〕杜維明在詮釋《中庸》時提到：「天的創化過程的一個有機部分不僅賦予人以宇宙之『中』，而且也要求人身承擔起促成實現宇宙轉化圓成的使命。」（《論儒學的宗教性》，武昌：武漢大學出版社，1999年），杜氏認爲人受天賦道德理性，也同時被要求參與宇宙間生成轉化的使命，基於這樣的看法，我們認爲許衡努力追求合乎「天理」的生活，也就是告誡人們此乃無法逃避的責任。

而下的物質材料所提供的解釋，主要還是「氣」的觀念，事實上，傳統思想中對「氣」觀念的討論已有豐碩成果〔註6〕，經過宋儒張載、朱熹等人的努力，「氣」作爲形而下的「器」的形成條件，在理論上的建構上，可稱完整。

　　許衡也是以「氣」解釋事物形成過程的形而下條件，此說是與形而上的部分搭配起來的，也就是說形上與形下，理與氣的相互配合，才是萬事萬物之所以成立的必然條件。許衡說：「天生人物，既與之氣以成形，必賦之理以爲性，便是天命令他一般，所以說天命之謂性。」（《魯齋遺書》卷五，〈中庸直解〉），就是在說明理與氣兩者的搭配，乃「天生人物」所賦予的構成條件。然而，許衡有關「氣」的觀念，不僅說明了物質構成所應具備的形而下條件，而且以此爲基點，發展出許多新的詮釋意義。許衡首先提出「萬物皆本於陰陽，要去一件去不得。」（《魯齋遺書》卷一，〈語錄上〉），既然萬物皆本於陰陽二氣，所以他更進一步強調：

> 天地陰陽精氣爲日月星辰，日月不輪廓生成，只是至精之氣，到處便知此。（《魯齋遺書》卷一，〈語錄上〉）

> 陰陽相爲運行，中間便有五行金木水火土，陰陽是春夏秋冬四季，春屬木，夏屬火，秋屬金，冬屬水，四季屬土。（《魯齋遺書》卷三，〈大學要略〉）

天地、日月星辰、五行、四季都是陰陽二氣運行的結果，可見身爲一個知識豐富的天文學家，許衡還是以傳統的「氣」思維，解釋自然間的所有現象。

　　「氣」也是萬物流轉變化的重要憑藉，所以許衡認爲：「論生來所稟陰陽也，蓋能變之物。」（《魯齋遺書》卷三，〈小學大義〉），物之生死也是陰陽二散的結果，他說：「凡物之生都是陰陽之氣合，凡物之死都是陰陽之氣散。」（《魯齋遺書》卷五，〈中庸直解〉），既然萬事萬物的流轉變化都是二氣的運行，所以從天地間的自然變化，到人世間的興盛衰敗，也是如此。但是，許衡似乎更強調流轉變化下呈現著某種循環往復的現象，他的說法是這樣的：

〔註6〕早在先秦時期，就有大量討論有關「氣」的文獻紀錄，譬如陰陽二氣和「六氣五行」之說，都是當時十分常見的說法，這些說法，多是將「氣」用來解讀自然的現象。春秋之後，儒、道之說盛行，原本用來解釋自然現象的「氣」，便逐漸添加了某種道德的義涵，或是靜默養生的媒介，直到兩宋理學盛行，理學家將「氣」做爲解釋形下物質的構成材料，並與「理」合論，成爲解釋自然與人事現象對的論述模式。（詳見李志林《氣論與傳統思維方式》，上海：學林出版社，1990年）

> 天之低以濁者，又復清而浮，地之裂以洩者，又復凝而塡，人物之
> 歇滅蓑敗者，又復生息而繁滋，此陰陽運氣，泰而通，則前日之混
> 沌者，復爲之開闢矣。(《魯齋遺書》卷一，〈語錄上〉)

許衡揭示自然的流轉變化現象，事實上存在著某種形而上的原理原則，此爲
二氣流轉的指導要素，用在人事現象來看，就成爲指導人言行處事的法則，
所以許衡認爲：「人物各循其性之自然，則其日用事物之間莫不各有當行的道
路。」(《魯齋遺書》卷五，〈中庸直解〉)。這種形而上的原則，指導二氣的流
轉變化，且爲人倫日用之間當行的道路，無疑的，就是「理」了。

　　經由以上的討論，我們可以得知，許衡將「氣」的觀念當成事物成立的
形下條件，也把陰陽二氣的運行當成事物流轉變化現象的主因，而且規定有
某種循環往復的法則，用以回歸於「理」的中心思考，如此，許衡就已將自
然現象做一完整的描述了。然而，做爲獨立自主的本體，「理」是如何又成爲
所有二氣運行現象的形上之理呢？它又是怎麼指導事物流轉變化，甚至成爲
人倫日用當行的道理呢？這個部分，將於下節論「自然法則」時再談。此外，
如前所述，許衡主要的用心並非僅在自然現象的解釋而已，「理」的詮釋是如
此，「氣」的部分亦復如是，那麼許衡如何將「氣」的觀念用在人事現象的解
釋上呢？我們認爲，應該可以從他對「惡」與「命」的說明中探知一二。

　　許衡認爲：

> 人稟天命之性爲明德，本體虛靈不昧，具眾理而應萬事，與堯舜神
> 明爲一。但眾人多爲氣稟所拘，物欲所蔽，本性不得常存。或發出
> 一件善念，便有被氣稟物欲之私昏蔽了，故臨事時對人旋安排把捉，
> 未臨事之前，與無人獨處，卻便放肆爲惡。(《魯齋遺書》卷二，〈語
> 錄下〉)

人稟天之所命具眾理而應萬事，所以可與堯舜神明爲一，故此乃天賦之爲善
的依據，但因氣稟而爲物欲昏蔽，才放肆妄爲，名之曰「惡」。「惡」是不能
依循天賦之善，拘於氣稟所限導致的，所以因「氣」之行而有物欲，物欲之
不能克制而爲「惡」，「氣」就是成爲「惡」的源起。

　　事實上，「惡」是一種倫理道德的價值觀念，「氣」本身不惡，而且人不
能不有「氣」而存在，這是無可避免的，人因「氣」而造成客觀的存在，受
物欲引誘，才會有「惡」的事實。人如能自發的從事道德修養功夫，這就是
人之所以異於禽獸而有自覺存在的價值，倫理道德之事也由此得到發展的契

機。所以「氣」的意義，不僅說明事物存在的形而下條件，也是解釋「惡」這種負面倫理價值傾向的憑藉，以及道德修養功夫所發揮的起點和對象。

此外，許衡更進一步將人的智慧、賢不肖的現象，統歸之於「氣」的清濁美惡，甚至將所得於「氣」之明覺分數，將人分成上、中、下等。他說：

> 明德虛靈明覺天下古今無不一般，只爲受生之初，所稟之氣有清者，有濁者，有美者，有惡者，得其清則爲智，得其濁則爲愚，得其美者則爲賢，得其惡者則爲不肖，若得全清全美則爲大智大賢，其明德全不昧也。身雖與常人一般，其心中明德與天地同體、其所爲便與天地結合。此大聖人也。……明德止存得二三分則爲下等人，存得七八分則爲上等人，存得一半則爲中等人。明德在五分以下的則爲惡……在五分以上則爲善。（《魯齋遺書》卷三，〈小學大義〉）

「氣」既然是形而下的物質材料，又是導致「惡」的根源，所以思想家自然將人的愚智賢不肖現象，歸之於「氣」的部分，這是不難理解的現象。若仔細分析，我們可以瞭解，愚智與否乃天賦，或許可以「氣」的清濁與否做一形象化的比擬，至於賢不肖的分判，本來存在著某種道德修養工夫的可能，「氣」導致賢或不肖，也有物欲誘惑的過程，「氣」本身則沒有惡不惡的問題。許衡以「氣」說明人的賢不肖，便是指能否克制「氣」所生的物欲，就決定了能否解決因物欲所產生的善惡問題了。

最後，許衡也把「氣」的概念用在「命」的觀點之上，所謂：「貧賤富貴生死脩短福禍稟於氣，皆本乎天也，有一定之分，不可求也。」（《魯齋遺書》卷一，〈語錄上〉），依許衡的說法，這個稟於氣、本乎天，且有一定之分、不可強求的事物，就是類似一般的「貧賤富貴生死脩短福禍」所稱的「命」。「命」是指客觀的外在限制，人力難以左右的部分，也就是：

> 雲行雨施，是施恩澤也，在乎理，主乎氣者是命也，不在彼來求取與不取，在乎天，天者君命也，此說分殊也。（《魯齋遺書》卷二，〈語錄下〉）

上天所賦予者，有理有命，「理」的部份，人當努力透過道德修養以求相應，「命」的部份，則毋庸強求，修身以俟之即可。他說：「說知命不是術數家言命，亦非二氏福孽之命，是天之所賦盡力行去。」（《魯齋遺書》卷二，〈語錄下〉），許衡所謂「命」，不是術數家的宿命觀，也不是釋、道兩教指的一種不可變易的自然規律。他心目中的「命」，與此兩者不同，但他更強調人面對天所

賦者，盡力去實行人生應然的責任，由此可見許衡堅持儒家入世的理念，以及積極創造與維護倫理道德秩序的熱情。雖然，「知命者，是天道流行之命，不知命不可以爲君子也。」（《魯齋遺書》卷二，〈語錄下〉），但身爲一個有道德自覺的人，乃至德行完善的「聖人」，更應「聖人之心固天地之心也，然其處事接物必以禮義制之，初不問彼之天命何如也。」（《魯齋遺書》卷八，〈論語所否者〉）。面對客觀的外在限制，仍然堅持倫理道德的理想，由此透顯出儒家人文精神的可貴之處，也是對孔子以來「義命」觀點辯證上的認同。

三、天人關係

　　宋儒的「理」、「氣」觀，具體地深化了儒家的天道思想。宋儒也透過形上形下的思維方式，將自然的法則同人事間倫理道德的存在原則，歸結於「理」、「氣」的根源性價值和某種循環變化的原理之下。然而，儒家對「天人關係」的看法，並不著重在自然法則的細緻解析，也不強調藉著了解自然，從而控制或征服自然，發展出如今之西方的自然科學。另一方面，即使當時釋道之說流行，宋儒經由消化吸收之後，再造更精微的儒學天道思想內涵，卻不曾停留在某種信仰或偶像崇拜，因而遁入空門，棄聖絕智，無所做爲。如何證明確實如此？又有何機緣導致這樣的思考結論呢？我們認爲，從孔子論天開始，原本帶有深刻的人文關懷，故論天必及人，人應法天而行，天人之間，似乎存在著某種默契或約定，孟子所謂「盡心」、「知性」、「知天」，就在這個前提下方可成立。此外，《中庸》的「誠者，天之道也；誠之者，人之道也。」也是假設天人之間有共通的原理原則，在天在人，都是這套原理原則的體現。所以儒家之「天」，是論人的出發點，而所謂的「道」，不僅是「四時行焉，萬物生焉。」的自然法則，更是「不遠人」的日常生活規範。

　　宋儒也是循著原始儒學的思考模式，藉著理氣之論更具體的說明天人之間的關係。謝良佐曾藉「理」的觀念連接天人的關係爲：

> 天，理也。人，亦理也。循理則與天爲一，與天爲一，我非我也，
> 理也；理非理也，天也。（《宋元學案》卷二十四，〈附錄〉）

「人」、「天」、「理」的合一，就是鼓勵人應依循天道法則，做爲道德修身的準據。此外，「氣」也是闡述「天人關係」的重要媒介，張載認爲：「人之剛柔、緩急，有才與不才，氣之偏也。天本參和不偏，養其氣、反之本而不偏，則盡性而天矣。性未成則善惡混，故疊疊而繼善者斯爲善矣。」（《正蒙・誠

明》），人的剛柔才性，甚至善惡之分，就在於氣之偏正與否，張載強調人應該「養其氣、反之本而不偏，則盡性而天矣。」道德修養功夫從此處談起，天道思想也就成為人之所以為人，倫理道德之所以成立的根源義。

許衡繼承宋儒的學術思想，故從天道觀到人生觀的思考模式也是相同的。我們可以從下列幾點觀察許衡在「天人關係」上的看法。首先，言理則言氣，形上形下兼具。許衡認為「天生人物，既之氣以成形，必賦之理以為性，便是天命令他一般，所以說天命之謂性。」（《魯齋遺書》卷五，〈中庸直解〉），天生人物，必有理也有氣，兩者不可缺其一，而且「凡物之生，必有此理而後有是形，無理則無形。」理氣不能二分，所以「事物必有理，未有無理之物，兩件不可離，無物則理何所寓。」（《魯齋遺書》卷一，〈語錄一〉），言理必兼氣，形上氣下合論，可見許衡重在由天道到人物的詮釋方向；其次，「天理」為倫理道德本源。許衡說：「只一個理，到中間卻散為萬事，如達道達德九經三重之類，無所不備。」（《魯齋遺書》卷五，〈中庸直解〉），「理」不但是自然的法則，也是倫理道德之事的本源。人受天之稟賦為理，人透過自覺的體悟，以及不斷的努力，即可追求這個源自於天的「理」，所以「大哉乾元，萬物資始，是天賦以德性，虛靈不昧，人皆有之，是眾來取皆得，求之即與之，所得深淺厚薄分數，在人而其始本同，此說是理一也。」（《魯齋遺書》卷二，〈語錄下〉），就是這個道理。

再者，「自然觀」的詮釋從事物循環變化之由，擴及日用事物當行之理。許衡認為：「天之低以濁者，又復清而浮，地之以裂以洩者，又復凝而填，人物之歇滅蔓敗者，又復生息而繁滋，此陰陽運氣，泰而通，則前日之混沌者，復為之開闢矣。」（《魯齋遺書》卷一，〈語錄上〉），人物的興盛衰敗，都是由陰陽二氣的運行變化而致，然陰陽二氣的變化又須循「理」，所以「道是日用事物當行之理」（《魯齋遺書》卷五，〈中庸直解〉），「性」、「理」、「道」三者對許衡而言都是同義詞，故可知許衡是將「理」、「氣」用於人事間應然的法則。最後，就是天的教化和啟示。許衡認為「天」無時無刻不在教化萬方，他說：

> 天有寒暑晝夜，物有生榮枯粹，人有富貴貧賤，風雨露雷，無非教也，富貴福澤，貧賤憂戚，亦無非教也，此天地所以造化萬物，日新無敝也。（《魯齋遺書》卷一，〈語錄上〉）

這裡的「天」不是人格神的復辟，而是指「天理」的一種啟示，人應該善體

天的啓示而有所回應。許衡強調人世間的「富貴福澤，貧賤憂戚，亦無非教也」，可見其重在以天理解釋人事現象，再賦予倫理道德的義涵，所以人應有所警覺，以倫理道德的行爲回應天理。

第二節　自然的法則

　　許衡認爲「理」是自然現象的形上依據，但這種說法的背後，蘊含十分豐富的義涵。經由上節的歸納，我們相信，「理」不僅是萬事萬物的形上法則，它也是事物循環變化的基本原理，更是人世間倫理道德所應遵循的目標。既然如此，許衡又是以何種方式將此「理」的概念原則化，用來說明自然與人事間的現象，並以之引申做爲某種事物運行成立身處事的法則呢？許衡以「理」做爲形上依據，不過是在實務和抽象思想之間，建立了概念上的聯繫而已。如果進一步要強調此「理」的存在價值，以及做爲形下事物的運行法則，就必須歸納出許多可以涵攝具體現象的自然法則，以便將形上的理與形下的事物，透過具體歸納而成的規則，充實其間聯繫的必然性。

　　本節嘗試以許衡常在文獻中提到的「理一分殊」、「無獨必有對」、「當位居中趨時義」等三個命題，討論許衡如何以「理」的概念，聯繫萬事萬物的內涵，並做爲事物運行變化與立身處事的法則。

一、理一分殊

　　「理一分殊」之說原是程頤在解釋張載《西銘》的一種理論〔註7〕。程頤的「理一分殊」，是用來解釋萬事萬物依於某種自然的形上原理而運行變化的現象，所以朱子稱：「伊川說的好，曰理一分殊。合天地萬物而言，只是一個理，及在人則又各自有一個理。」(《朱子語錄》卷一)。前述有關「理」與「氣」、「形而上」與「形而下」、「道」與「器」等兩兩運用於詮釋自然現象的範疇，似乎都可規範在這樣的命題之下，許衡說：

─────────

〔註7〕程頤回答弟子楊時有關《西銘》的問題時，他說：「《西銘》明理一而分殊，墨氏則二本而無分，分殊之蔽，私勝而失仁；無分之罪，兼愛而無義。分立而推理一，以止私勝之流，仁之方也；天別而迷兼愛，至於無父之極，義之賊也。」(《河南程氏文集》卷九，〈答楊時論西銘書〉)，上段引文中，程頤以「理一分殊」解釋《西銘》之旨，卻將之與墨氏「兼愛」之說相較，此乃順著張載「民胞物與」之說，借著分辨其與「兼愛」之別，申論「理一分殊」在社會倫理脈絡下的確切涵義。

> 性者即形而上者，謂之理，理一是也。氣者即形而下者，謂之器，
>
> 分殊是也。（《魯齋遺書》卷二，〈語錄下〉）

也就是基於這樣的認識而獲得的結論。然而，從伊川提出「理一分殊」以來，經由理學家不斷的詮釋與應用，這個命題，是否就只是被忠實的傳承下來，一直到元初的許衡而不曾有所改變嗎？這種現象，又與時代環境產生了何種關聯性？如今我們將焦點放在許衡的思想上，透過這種縱向的繼承，並伴隨著以時代因素的橫向聯繫，應該是我們可以採用的討論方式。

前文曾明言，儒家的「自然觀」，原是為闡述倫理道德與人生哲學的基礎，理學家將倫理道德的思想向外擴展，乃使儒家的「自然觀」變得更加豐富精采，於是，天理與人性為一，天人之間的關係得以緊密的結合。在此過程中，理學家採用「理一分殊」這個命題，將天人關係做一論理性的表述，因此，「理一分殊」所包含的意義，可以是自然現象的詮釋，也是事物運行的規律，更涵蓋了社會倫理的秩序，以及道德規範的終極目標。伊川用「理一分殊」解釋張載《西銘》的內容，原本是重在釐清張載氣化宇宙論所可能造成的混淆，故其「理一分殊」之說，當重在人事倫理道德現象的探討，於是，此後的理學家也將「理一分殊」的觀念用在自然現象以及倫理道德之事的解讀上。朱熹說：

> 萬物之生，同一太極者也。而謂其各具，則亦有可疑者。然一物之
>
> 中，天理完具，不相假借，不相陵奪，此統之所有宗，會之所以有
>
> 元，是安得不曰各具一太極哉！（《太極解義》，〈附辨〉）

上段引文乃強調「理一」的部分，落實在具體事物上，即所謂：「一實萬分，萬一各正，便是理一分殊處。」（《朱子語錄》卷九十四），也就是說明萬事萬物因「理一」而「分殊」的情形。

然而，理學家的「自然觀」還是得特別強調倫理道德的範疇，所以朱熹便將「理一分殊」的道理回歸到倫理道德的原則上申述，他說：「問：去歲聞先生曰，只是一個道理，其分不同，所謂分者，莫只是理一而其用不同？如君之仁、臣之敬、子之孝、父之慈、與國人交之信之類是也？曰：其體已略不同。君臣父子國人是體，仁敬慈孝與信是用。問：體用皆異？曰：如這片板，只是一個道理，這一路子恁地去，那一路子恁地去；如一所屋，只是一個道理，有廳有堂；⋯⋯如陰陽，《西銘》言理一分殊，亦是如此。」（《朱子語類》卷六），君臣父子國人是儒家倫理秩序中的定位，故《西銘》自然觀中

的「理」，在此處就是維繫倫理綱常的本源。

「理」與「氣」所組成的自然觀念，過渡到實際的倫理道德之事，就成為某種解釋道德內涵與價值的憑藉，朱熹說：

> 性者，人之所得於天之理也；生者，人之所得於天之氣也。性，形而上者也；氣，形之下者也。人物之生，莫不有是性，亦莫不有是氣。然以氣言之，則知覺運動人與物若不異也；以理言之，則仁義禮智之稟，豈物之所得而全哉？此人之性所以無不善，而為萬物之靈也。（《論孟集注》卷十一）

此處的「性」源自「理」而來，是人之所以無不善的原因，「氣」則是人與物同，由之產生不循理而有為惡的可能。這種說法，其實是儒家長期以來認可的心性觀念，但用「理一分殊」乃至理氣分為善惡的立場說之，卻有許多應該進一步疏解的必要。

按照「理一分殊」的說法，人都稟天理而無不善，問題卻在分殊之後，人與人之間是沒有差異，或者是差異極大的個體？事實上，人與人之間差異是顯而易見的，理學家便以「氣」做解釋的工具，說明這種差異的現象。他們認為人稟「理」也稟「氣」，人與人之間的差異既然存在，所以「理一分殊」的討論就不得不重在「氣」的部分大作文章。但是，「氣」畢竟只是人的材質，在承認人與人之間有很大差異的前提下，「理一分殊」中的「分殊」部分就必須要被強調。這樣的思考途徑下，「分殊」與「理一」的關係就顯得漸行漸遠，甚至某些人因為材質所限，似乎永遠不能成為聖人，而產生某種新的道德階級意識，這似乎又與儒家的基本思維扞格不入。許衡也不免有這種問題，他說：

> 明德虛靈明覺天下古今無不一般，只為受生之初，所稟之氣有清者，有濁者，有美者，有惡者，得其清則為智，得其濁則為愚，得其美者則為賢，得其惡者則為不肖，若得全清全美則為大智大賢，其明德全不昧也。身雖與常人一般，其心中明德與天地同體、其所為便與天地結合。此大聖人也。（《魯齋遺書》卷三，〈小學大義〉）

得全清全美之氣者為大智大賢，得氣為濁為惡者則為愚不肖，此說似乎在暗示某些人得天賦清美之氣後，毋庸修身盡德，自然成為上等人、聖賢，而天賦濁惡之氣者，難免愚不肖的命運，無法改變。這種說法，顯然與傳統儒家「人皆可以為堯舜」的理想悖離，倫理道德之事成為某些人的專利，成德

工夫似乎只為天賦優越的人而設的，這種思考方式，實在令一般儒者難以接受。

我們認為，上述問題的癥結，就在於許衡等理學家對所謂「變化氣質」這個部分論述處理上。這個部分處理好，就可以免得陷入形而下之「氣」的糾結之中，甚至得以因某種「自我坎陷」的工夫〔註8〕，發揮人類道德理性的光明面，如此一來，無論賢愚不肖，都有成聖的機會。許衡曾說：

> 大哉乾元，萬物資始，是天賦以德性，虛靈不昧，人皆有之，是眾來取皆得，求之即與之，所得深淺厚薄分數，在人而其始本同，此說是理一也，雲行雨施，是施恩澤也，在乎氣，在乎氣者是命也，不在彼來求取，與不與在乎天，天者君命也，此說分殊也。(《魯齋遺書》卷二，〈語錄下〉)

「理一」是指虛靈不昧的德性，人要積極地追求，而且是「眾來取皆得」，一視同仁，沒有區別：「分殊」就是天之所命的氣，無須追求，修身以俟之即可。由此，人自覺的道德理性因而透顯，「理一」與「分殊」的自然結合，在於兩者都強調在人自覺的對道德理性的追求，而非執著於「氣」所造成的客觀限制。

許衡在心性論中提到的「心之所存者理一，身之所行者分殊。」(《魯齋遺書》卷二，〈語錄下〉)，就是指在追求道德理性的過程中，心之所常存者為天理，身之所行雖因事之不同而有權變，卻受追求天理的「心」的宰制，故也能循理而不悖了。然而，此處又引出一個問題，為什麼「心之所存」與「身乏所行」必然與「理一分殊」搭連得上？又此兩者如何能與用來解釋自然現象的「理一分殊」相結合，做為一個人知行關係的準則呢？從前文中已知許衡將「理一分殊」之說用於人事的法則，這裡的說法卻似乎做了很大的跳躍，令人有些唐突。事實上，如果我們循著「天人合一」的觀念思考，「理一」而

〔註8〕 牟宗三在《現象與物自身》(台北：台灣學生書局，1996 年) 書中，對「自我坎陷」一詞的界定是「知體明覺之自覺地自我坎陷即是其自覺地從無執轉為執，自我坎陷就是執，坎陷者下落而陷於執也。不這樣地坎陷，則永無執，亦不能成為知性 (認知的主體)。它自覺地要坎陷其自己即是自覺地要這一執，這不是無始無明的執，而是自覺地要執，所以也就是『難得糊塗』的執，因而也就是明的執，是『莫逆於心相視而笑』的執。」本文借牟氏「自我坎陷」的概念，主要是在說明許衡等理學家的「變化氣質」工夫，正是在「氣」的客觀限制中完成道德理性的開發，這個過程中，類似牟氏所謂從自覺地執中坎陷自己，才能做到真正的無執。

「分殊」可以被解讀爲天人之間的一種默契，人面對而且解讀自然法則後，就開始視天理爲一立身行事的準則，因爲他深信循天理而善，可以獲得道德理性上的滿足，縱使客觀限制多，他也以堅持這種信念爲樂，所謂「樂天知命」就是這種態度。這裡指的默契，是指人在善體天理之後的認同感，認同感發揮到極致，就覺得與天地萬物爲一體，可以贊天地之化育。我們相信，這種經由認同而產生主觀情感上的默契，就足以讓一個人覺得知與行都必須以天理爲依歸而無怨無悔了。

二、無獨必有對

　　天地之間的萬事萬物，原本就存在著某種自然的規律，譬如日有晝夜、月有盈虧、年有四季、人有呼吸、男女有別等，這些現象在思想家的眼中，就是一種自然法則的體現，不僅僅是零散的現象而已。理學家觀察這種自然的規律之後，提出「理一分殊」的看法，爲自然法則與事物萬象做一理論上的聯繫。「無獨必有對」的說法，則是做爲解釋自然事物間矛盾對立，卻又相依相成現象的依據。張載曾說：「有象斯有對，對必反其爲。」（《正蒙·太和》），指出自然規律中相反對立的現象；程頤則提出：「天地萬物之理，無獨必有對，皆自然而然，非有安排也。」（《二程集》，〈河南程氏遺書〉卷十一），強調自然規律無涉人爲的部分，是一種客觀存在的事實；朱熹說：「雖說無獨必有對，然獨中又自有對。」（《朱子語類》卷九十五），就更細緻的規定自然現象對立的普遍性，他認爲凡自然產生的事物，皆在相反相對的法則中運行無礙。

　　上述三人都是從自然現象的歸納中強調事物矛盾對立的普遍原理。總的來說，從張載到朱熹的觀念發展之下，他們對相反相對的自然現象無異議，而理論逐漸細緻化的結果，卻將這個自然法則不斷深化，而成爲日後理學家自然觀的主要命題。元初的許衡就在這樣的背景下，建立其「無獨必有對」的自然法則思想。

　　許衡繼承宋儒的看法，認爲「大事小事雖秋毫未嘗無對。」（《魯齋遺書》卷二，〈語錄下〉），天地間的事物都是「物產天地間，精粗據兩偏。」、「事物形雖同，中間勢各異。」（《魯齋遺書》卷十一，〈觀物〉）。事實上，這一連串的論述中，我們可以看到前述張載、程頤、朱熹的影子。但是，許衡如何解釋自然界會產生對立的現象呢？許衡是否只指出某種自然的現象，還是有將

之推及人事？他說：「物產天地間，精粗據兩偏，兩偏互倚伏，一氣常周旋。」（《魯齋遺書》卷十一，〈四言律詩〉），陰陽兩氣的周旋是造成兩偏相倚伏變化之因，所以他認為：

> 天道二氣，此一氣消縮，彼一氣便發達，此一氣來，彼一氣必往。無俱往並發之理，陰氣之長，陽便伏，又嚴霜以肅之，使陽氣必伏。（《魯齋遺書》卷二，〈語錄下〉）

形而下的陰陽二氣消長解釋事物循環變化的現象，前文已有論及，許衡也以「氣」說明「大事小事雖秋毫未嘗無對。」的自然法則。故在《讀易私言》論陰陽爻變化時，又再度提出：

> 凡陰陽消長皆始於下，故得下則長，失下則消，自始少而至長極，凡八消則始消而至消盡，凡八長蓋消之中復長焉，長之中復有消焉，長中之消其消也漸微，消中之長其長也亦漸微。（《魯齋遺書》卷六，〈陰陽消長〉）

於是，許衡以氣之消長變化，作為事物「無獨必有對」這個自然法則的詮釋基礎，是其思想發展的當然趨勢。

許衡將陰陽二氣的對立消長用之於人事現象，他說：「然委付一事，實為不可而其間節目又少有可，不可焉其可者已。已不可之中，不得為可其不可者，是又不可之不可者也。」（《魯齋遺書》卷七，〈慎微〉），人事之可與不可，並無定然，許衡相信這就是陰陽二氣對立消長運行下的結果，所以他說：

> 天下事大抵只是陰陽剛柔相勝，前人謂如兩人角力相抵，彼勝則此負，此勝則彼負，但勝者不能止於其分，必過其分然後止，負者必極甚然後復，各不得其分所以相報復，到今不已。（《魯齋遺書》卷二，〈語錄下〉）

從這段引文中，我們可以了解許衡已將相反相對之理，應用於事物勝負之循環，也明確的指出陰陽二氣消長在人事變化的具體落實。

我們認為，許衡將「無獨必有對」的自然法則，透過陰陽二氣的消長，具體的落實在人事現象的勝負上，是有其時代的意義。我們可試著從兩方面觀察，就能得到深刻地了解：首先，元廷的政權在初期尚未穩固，儒臣們殫心竭慮，企圖在異族的統治下造成一儒家理想的平明之治，但蒙古傳統政治意識與中原王朝傳統思想有別，蒙古人又以統治者姿態奴視漢民，「夷夏之辨」常是政權認同的障礙，元初儒臣就在這樣微妙的政局下展開艱苦的奮

鬥。因此，中國傳統倫理觀念中的君臣關係，就是許衡這類儒臣戮力宣導的重點，他說：

> 兩剛則不能相下，兩柔則不能相濟，物理是如此，陰陽亦如此。事之初，智勇者相合相資，事既定則相忌，到後來勇與怯者合，智與愚者合。又兩雄難并居久，則忌卓茂爲大傅，理應如此。功臣多難全，不知時也。（《魯齋遺書》卷二，〈語錄下〉）

所謂的剛柔就是陰陽二氣的體性，剛柔相濟乃是指陰陽對立消長的自然趨勢，許衡藉自然現象中對立消長的原理闡釋事物發展的規律，並且將君臣和合之理，也蘊含其中了。如「君臣相得而剛柔相濟，相得而內無難，相濟則有成功。」（《魯齋遺書》卷六，〈讀易私言〉），則是更明白的指出這個道理。

其次，蒙古以異族統治中國，許衡以儒者的身分入朝爲仕，除了藉陰陽消長之理建立新朝的倫理秩序，更要爲異族的統治，提出其正當性的詮釋。如前所述，許衡強調夷狄交替是歷史的必然性，主要的原因在於「勝者不能止於其分，必過其分然後止，負者必極甚後復，各不得其分，所以相報復，到今不已。」勝者逞兇暴虐，必低首臣服後乃止，所以彼此挾怨報復，循環不已。許衡認爲要弭除這種現象的做法，就是要學習三代懷柔之舉，他說：

> 三代盛分，分別中原夷夏，君子小人各安其分，所以大治，後世不及也。且如周成康、漢文景世所謂大治者。然土宇廣挾可見，彼四君者，未嘗事遠略也，治吾所當治者而已，不取其勝夷狄也，故亦不致爲夷狄所敗。（《魯齋遺書》卷二，〈語錄下〉）

許衡先肯定華夏異族交互統治是歷史的必然性，再重申儒家安土重民，近悅遠來的理想。這種做法，一方面爲元朝的合法統治奠定理論根基，一方面又勸諫元朝統治者「內北國而外中國」〔註9〕觀念的不當，以及隱藏在不斷侵略擴張的基本國策背後的危機。因此，許衡藉「無獨必有對」所引申的陰陽二長對立循環變化的觀念，發揮在倫理道德觀念的建設上，實有其時代環境的考慮，也正因如此，許衡的自然法則就不僅僅是自然現象的解釋，更有其積極的歷史條件。

綜上所述，許衡的確已從宋儒的觀念中繼承了「無獨必有對」這個自然

〔註9〕元末明初學者葉子奇中曾言：「元朝自混一以來，大抵皆內北國而外中國，內北人而外南人。以致深閉固拒，曲爲防護，自以爲得親疏之道，是以王澤之施。少及於南，滲漉之恩，悉歸於北。」（〈草木子〉，《四庫全書珍本》，台北：台灣商務印書館，1974年）

的法則，進而以陰陽剛柔相繼相剋之理，說明自然及人事現象的原理原則。然而，前述兩種自然的法則只是說出現象變化之因，卻未見如何因應變化的方法。雖然前引文中已見許衡從歷史現象中提出仁義治國是偃息勝負爭鬥的良方，但就自然法則而言，「無獨必有對」與陰陽剛柔相繼相剋的現象該如何因應呢？針對這個問題，許衡提出了兩個看法：一是「立椿主」；一是「體用」關係的認識。

許衡認為：

> 兩物相依必立一個做椿主，動也靜也，聖人定之以中正仁義而主靜，以靜為主。內外也，上下也，本末也，皆然無物不相依附者，辨方正位，體國經野，是正外以正內也。(《魯齋遺書》卷二，〈語錄下〉)

雖然陰陽二氣的循環變化消長不一，卻仍然必須有一個不變的原理原則，這個原理原則不是找出第三個東西來取代，而是從兩者的道理之中，有所取捨，有所堅持，所以應該從內外上下本末動靜中，擇其一而為椿主，就是變中不變的原則了。許衡也將這個道理，發揮在倫理道德的理念之上，他說：

> 父道有闕，為子者當始終敬慎，三年無改父之道，可謂孝矣。……三年哀畢，視其所闕，徐而正之，以合於義，此以義字為主。天地間事如四時五行，各有一件為主，其他皆相輔以行，每事須觀在何時便當，以一件為主。(《魯齋遺書》卷二，〈語錄下〉)

在倫理道德的事物上，那個所謂的「椿主」就是仁義之事了。由此可見許衡對自然法則的詮釋必回歸於人事現象，論及人事現象，必以倫理道德觀念做結，故不失儒家本色。

除了「立椿主」之外，許衡又以體用的關係說明如何因應陰陽二氣的循環變化。他認為體用的關係是構成事物的基本條件，所以「先儒說出體用，嘗謂孔孟未嘗言此，及仔細讀之，每言無非有體用者。」(《魯齋遺書》卷二，〈語錄下〉)，有了這個基本認識後，他就先從自然現象說起：「南北西東是定體相對，春夏秋冬是流行運用，卻便相循環，一體一用。」(《魯齋遺書》卷一，〈語錄上〉)。若就人事而言，他以為：「體立而用行，積實於中，發見於外。」(《魯齋遺書》卷一，〈語錄上〉)，所謂「體立而用行」，就是指某種原理與應用的關係，施之於倫理道德的範疇，就是：

> 如忠告而善道之，忠告體也，善道之用也。……居上不寬，為禮不

　　敬，臨喪不哀，寬、敬、哀其體也，體立而後用行。(《魯齋遺書》
　　卷二，〈語錄下〉)

倫理關係、爲政治民、喪葬禮儀必須先有仁厚之心、哀矜之意方可成事，否
則只是殘國蠹民、徒具形式而已了。從另一個觀點看，倫理關係、政治措施、
喪葬禮儀等，雖然可以隨時間轉移而有所更易，但仁厚之心、哀矜之意乃變
中之不可變者。故因之所行的倫理儀節，自不失其典範意義，這就是體用關
係的另一層意思，也就是脫胎於「無獨必有對」、陰陽二氣變化消長的觀念，
所採取的因應之道。

三、當位居中趨時義

　　許衡認爲自然界萬事萬物的運行變化，均有其一定的規定，脈絡分明，
生生不息，所以：

　　天無不覆，地無不載，大化流行，萬物並皆生育於其間，大者大，
　　小者小，各有生意而不相侵害，四時錯行，日月代明，同運並行於
　　天地間。一寒一暑、一晝一夜，似乎相反而不相違悖，就其不害不
　　悖處說，是全體之分。如川水之流，脈絡分明，而相繼不息；就其
　　並育並行處說，是化育之功，敦原統一，根本盛大而流出無窮天地
　　之道，所以爲大者如此。(《魯齋遺書》卷五，〈中庸直解〉)

許衡先提出自然界的運行變化，皆有其特性，故「大者大，小者小，各有生
意而不相侵害，四時錯行，日月代明，同運並行於天地間。一寒一暑、一晝
一夜，似乎相反而不相違悖。」但此規律爲何？再者，許衡一向是由自然現
象的解釋回歸到人事現象的探討，他又是如何展示這些看法呢？我們認爲，
關於自然現象運行變化的規律，我們可以從許衡在其《讀易私言》這本經典
的詮釋作品中，獲得許多啓示。

　　《讀易私言》這本詮釋《周易》的作品，在體例上與傳統經傳注疏不同
〔註10〕。《讀易私言》的體例是以陰陽二爻在六個爻位上的承乘、中正、時義

〔註10〕《四庫全書總目提要》對《讀易私言》的說法是：「其書論六爻之德位，大旨
　　　　多發明繫辭傳同功異位、柔危剛勝之義，而又類聚各卦畫之，居於六位者分
　　　　別觀之……其吉凶悔吝又視乎所值之時，而必以正且得中爲止。」(《四庫全
　　　　書總目提要》卷四，〈經部四〉)。事實上，《讀易私言》與一般詮釋《易經》
　　　　的傳注形式確有不同，我們認爲，許衡在書中透過爻位的討論，特別強調
　　　　「正」、「中」、「時義」等觀念，就已經足以顯示他企圖從《易經》的詮釋歸
　　　　納出一套經世之道的用心了。

的關係立論，故陰陽二爻的體性以及其在爻位的意義，是他最關切的問題。
許衡以陰陽二爻的體性爲基礎，討論其在爻位上變化互動的情形，其目的是
要從陰陽二爻的互動關係中，歸納出一套待人處事的道理來，這是與《周易》
的成書經過相符的，也與歷來的《周易》詮釋傳統有著一致的目標。所以，
他提到：

> 初，初位之下，事之始也，以陽居之才可以有爲矣，或恐其不安於
> 分也，以陰居之不患其過越矣，或恐其軟弱昏滯未足以趨時也。四
> 之應否亦類此義。大抵柔弱則難濟，剛健則易行，故諸卦柔弱而致
> 凶者其數居多。（《魯齋遺書》卷六，〈讀易私言〉）

他以初爻之位喻事物的開端，並就陰陽爻的體性說明事物發展的不同現象。
就元初時局而言，無疑地，許衡是藉《讀易私言》將《周易》原有的人文詮
釋加以發揮，做爲因應混亂時局的良策。

除上述許衡就陰陽爻的體性，論其在初爻時可能的變化外，六十四卦在
不同爻位的普遍情形，許衡也做了一個概略性的描述，他說：

> 居初者易貞，居上者難貞。易貞者，由其所適之道多；難貞者，以
> 其所處之位極。故六十四卦初爻多得免咎，而上每有不可救者，始
> 終之際，其難易之不同蓋如此。（《魯齋遺書》卷六，〈讀易私言〉）

許衡以陰陽爻不同的體性，以及在不同爻位中的因應之道，解讀爲人立身行
事法則，因此，無論陰陽爻的體性轉義爲人的本質，爻位的意義轉爲所處的
境遇，都可視爲外在客觀的限制所造成難以避免的困頓，而許衡將之視爲一
種通則。在《周易》「兼天地人三才」的前提下，《讀易私言》就是在闡述某
種自然的法則，而人就必須從《周易》中獲得趨吉避凶的方法，這種做法，
顯然爲人們提供一部很好的人生指南。

許衡借陰陽二爻解釋人事的變化規律，陰陽爻的柔剛體性就被解讀成
人的天賦材質，陰陽爻居六個不同爻位時，應該衡量自身的質性，以及外
在的形勢，做出最佳的因應之道。然而，到底什麼才是最好的因應之道呢？
許衡認爲，這就端視陰陽二爻是否能當爻位之「中」；是否能適居其位而得
其「正」；陰陽二爻互動之下能否「趨時義」等三方面的因素而定。所以他
說：

> 凡陽本吉。陽雖本吉，不得其正則害乎吉矣，得正矣，不及其中亦
> 未保其吉也。必也當位居中能趨時義，然後其吉乃定。陰雖本凶，

> 不失其正，則有緩乎其凶矣，失其正或能居中，猶可以免其凶也，
> 必也不正不中，悖於時義，然後其凶乃定。（《魯齋遺書》卷六，〈讀
> 易私言〉）

文內指的「中」是指二、五這兩個爻位，分別處內外卦的中間位置；「正」則是指陽爻在初、三、五爻位，陰爻在二、四、上爻位，反之，則爲不正；所謂的「時義」，則是指每一卦在時間上的意義。王弼所謂「夫卦者時也」，即是指出從每卦的內容上，可以看出其時間上的意義，但更重要的是「夫時有否泰，故用有行藏。」（《周易略例・明卦適變通爻》）也就是說，因卦所顯示的吉凶屬性，採取適當的行爲或策略，就是一種「合時義」的作法。

許衡認爲，陰陽爻如能在六個爻位中「當位居中趨時義」，則吉而無不利，具體的落實在人事的現象上，就是適才適所，又能堅持「不偏不倚，無過不及。」的原則，且由於其因時而處順，則皆可吉而無悔吝凶咎情事。然而，若陰陽爻無法當位居中，乃至失位失中，許衡認爲若能合乎時義，也可無不吉，他說：

> 故陽得位得中者，其吉多焉；陰失位失中者，其凶多焉。要其終也，
> 合於時義則無不吉，悖於時義則無不凶也。大矣哉！時之義乎。（《魯
> 齋遺書》卷六，〈讀易私言〉）

由此觀之，合時義與否，顯然是許衡最重視的部分，陰陽二爻能否居中履正似乎反而居於次要地位了。

我們認爲，許衡之所以特重時義，可能有兩個因素：首先，由於陰陽爻之是否當位居中，在乎所處爻位，此乃是客觀的形勢造成，合時義與否，則是主觀的自覺努力，所以一個人縱使處於逆境，也應該透過時勢的評估，做出合宜的行爲，這就是許衡對「合時義」所代表意義的看法。再者，身處亂世的許衡，對所謂「合時義」的感受應當是十分深刻，觀許衡一生屢召屢辭，進退之間，是有一定的份際，所以對許衡來說，《讀易私言》是其透過《周易》的詮釋，歸納出的一套人事法則，不僅供作後人參考，也是自己立身處事的準則。

總而言之，許衡在《讀易私言》中所歸納出來的趨吉避凶之法，可以用「當位居中趨時義」七個字概括，這套原則是透過討論陰陽爻在不同爻位中的互動關係歸納而得的。若以整個經典詮釋的傳統來看，《易經》透過卦爻的變化解釋天地間萬事萬物的生成變化，許衡的《讀易私言》卻不像其他詮釋

者的作品一樣，重在擴充卦爻辭的新義，而是以之爲基礎，強調陰陽爻在爻位的相互關係。許衡的這種做法，有何用意呢？我們認爲，《讀易私言》強調陰陽爻在爻位的相互關係，是許衡試圖歸納出某種人世間立身行事的原則，所刻意採用的詮釋體例。這種詮釋體例，至少清楚地指出了三種立身處事的法則：

首先，因人之本質，有進有退。譬如：

> 《艮》六，居初者凡八，陰柔處下，而其性好止，故在《謙》則合時義而得吉；在《咸》則感未深而不足進也。……柔止之才，大率不宜動而有應，動而有應，則應反爲之累矣。（《魯齋遺書》卷六，〈讀易私言〉）

《艮》、《謙》、《咸》諸卦皆以艮卦爲內卦，艮卦的初爻是陰爻，所以許衡就說「柔止之才，大率不宜動而有應，動而有應，則應反爲之累矣。」以乃根據陰爻的體性所提出的進退建議。其次，人應該積極了解外在的處境，以及人際之間的互動關係。譬如許衡認爲三爻的地位是「卦爻六位，唯三爲難處。」原因在於「蓋上下之交，內外之際，非平易安和之所也。」他舉出幾個例子，說明這種現象：

> 故在《乾》則失於剛暴，在《坤》則失於柔邪，《震》動而無恒，《巽》躁而或屈，《離》與《艮》明止係於一偏，《坎》與《兌》險說至於過極，皆凶之道也。（《魯齋遺書》卷六，〈讀易私言〉）

六個爻位，分別指涉事物發展變化的歷程，三爻居內外卦之間，正值事物轉變的過度期，吉凶未定，故非平易安和之所在。諸卦因其時義之順，在此處不免因變化而有悔吝之虞，如不善加提警，則將落入凶危的境地。

最後，人們應該秉持倫理道德的操守，做爲立身處事的準則。《讀易私言》一書雖是許衡借《周易》的創意詮釋，提供人事上進退周旋、趨吉避凶之道，但所謂的進退周旋、趨吉避凶之道，絕非是一種趨利避害，鑽營獻媚的小人行徑，《周易》成書宗旨本不在此。事實上，「居中履正合時義」的原則，就是秉持倫理道德的理念，所採取的應世法則。「中」、「正」、「時義」等說，雖然在《周易》中是指陰陽爻與爻位的關係，以及卦義在時間的應用，「中」、「正」、「合時」也是儒家闡釋價值觀的慣用語詞，如果抽離其在《周易》的象徵意義，仍不失儒家倫理道德的價值義涵。如今許衡將這些價值觀的用詞，以《周易》的卦爻現象充實其內涵，不就正與理學家以自然觀豐富倫理道德

理想的做法是一致的嗎？如果這樣的說法仍然無法令人信服，我們可以從《讀易私言》內所論及的「君臣關係」加以說明。許衡以四爻及五爻闡釋君臣之間的關係，他從四爻說臣道，所謂：

> 四之位近君，多懼之地也。以柔居之，則有順從之美；以剛居之，則有諂逼之嫌。然又須問居五者陰邪陽邪。以陰承陽，則得於君而勢順；以陽承陰，則得於君而勢逆。勢順則無不可也；勢逆則尤忌上行，上行則凶咎必至。（《魯齋遺書》卷六，〈讀易私言〉）

五爻說君道，即是：

> 五，上卦之中，乃人君之位。諸爻之德，莫精於此，故在《乾》則剛健而斷，在《坤》則厚重而順，未或有先之者。（《魯齋遺書》卷六，〈讀易私言〉）

君臣最理想的狀態是四爲陰爻，五爲陽爻，因爲許衡認爲：「順處中正，又君臣相得而剛柔相繼，相得則無內難，相濟則有成功，不待於應自可無咎，應則尤爲美也。」「應」是指外在的援助，君臣之所以相得相濟，無內難而能成功，關鍵就在於君臣皆知所處地位，也知相應對之理，造成一個平明之治，這就是儒家倫理道德理想的具體實現。

第三節　天生人成

　　前文已論述了許衡有關「理」與「氣」的觀念，這一組觀念不僅揭示了自然界事物的形上依據，也指出事物運行變化的法則，更重要的，它們也是倫理道德價值體系的重要憑藉。人法天而行，是基於天人之間必須遵守某些共通的原理，一旦達成這種默契，就是完成了「天人合一」的境界了。然而，人因遵守某種自然的法則，而建構其倫理道德價值體系的過程中，並不是被動的接受安排，或是在強制壓迫的情形下所不得不爲的，理學家在此特別指出人主觀地盼望與天爲一，主動建立自我倫理道德價值體系的自然傾向。「理」是客觀的事物形上原則，倫理道德之事含括其中，「氣」則是客觀事物的形下條件，但由「氣」所形成的客觀限制，或是因「氣」所導致爲「惡」的可能，都是理學家不能漠視的自然現象。此處，我們發現理學家不在此客觀限制上著墨太多，反而在主觀的道德追求部分刻意強調，甚至建議以主觀的道德期待，化解因客觀限制所引起的情緒紛擾，作爲人們立身處事的原則。凡此種種，都是理學家突顯人的價值，發揚人文精神的具體做法。

　　本節將以「人的地位與價值」、「義與命」、「從天理到人性」三個論題，討論許衡如何從「自然觀」的思維之中，繼承程朱理學的成果，展現人的價值與意義，並由此逐步拉開「心性論」的序幕，與個人建構倫理道德價值體系的過程。

一、人的地位與價值

　　中國傳統思想中的「天人關係」，是從人格神、人神相雜的思維方式逐漸轉為人文精神的全面覺醒。早期宗教由各部落巫師代天立言的型式，歷經了「絕地通天」到「天人合一」觀念的發展，是一段長期醞釀的過程〔註11〕。先秦儒家倡導人文精神的自覺，其所論之天必及人事，「天」的概念不是孤懸於人事之外的空寂思考，換句話說，人與天的關係是親密而且存在著某種相契合的聯繫。天道之體現，在於人事；人事中的倫理秩序、道德修養功夫原則，也可上侔天道。我們可以從《論語》中發現，孔子雖罕言「性與天道」之理，但其他言論中仍難掩對天的依戀與傾慕之情〔註12〕，事實上，孔子對天的態度，並非宗教信仰者的膜拜心理，實則為隱隱然透顯出基於某種道德理性下，致力於追求形上根源與憑藉的深切渴望。

　　我們認為，孔子對天人關係的態度，經由宋儒的繼承，其思想在天人兩方面的概念均獲得深刻的發展和充實。天論的部分，前文已然述及，特別是「理」、「氣」；「形而上」、「形而下」；「道」與「器」等二元思維，以及諸如「理一分殊」、「無獨必有對」的自然法則觀念，皆為宇宙間萬事萬物生成變化的現象，提供了理論的依據；人論的部分，宋儒以先秦儒思想為基礎，更

〔註11〕「天人合一」之說成為中國學術思想的論題之前，中國上古時期，人神相雜，顓頊「乃命重黎，絕地通天，罔有降格。」（《尚書‧呂刑》），進行了宗教改革的運動，此後民神不相雜，部落之間，始有共同的信仰中心。其後，雖在南方倒然延續著神權至上的觀念時，北方則從周人代殷後，逐漸演變出「德」的人文精神思維，天人關係乃進入一新的發展階段，此過程中，人的自覺努力被強調甚至可以決定天命的方向。春秋時期，儒家再宣示人自覺道德理性與實踐的重要性，儒者便將「天人合德」視為畢生努力追求的目標。（詳見勞思光，《新編中國哲學史》（一），台北：三民書局，1990年）

〔註12〕傅佩榮認為孔子雖然如弟子所說的罕言性與天道，但歸納其片段而簡短的言論後，仍然可以發現：孔子對隔絕人世的天沒有興趣；天人之間的關係，要遠較自然界與人之間的關係更為密切；這個具有回應能力的天賦予孔子一項獨特的使命；面對這樣的天，人在盡力滿全自身的職責之時，就能了解命運的真義。（《儒道天論發微》，台北：台灣學生書局，1985年），基於這些體認，所以我們便認為孔子對天抱有某種依戀與傾慕之情。

加強調「天人合一」觀念下人的地位和價值。宋儒的思想，與先秦儒家將人直接置於社會倫理秩序之中，而探討禮儀制度與道德修養的必然性的方式稍異，其原因是宋儒在此之前，更注重人受天之「理」而具有道德理性的自然傾向，但人在此時卻同時也受「氣」之稟賦，難免於私慾的萌發與外在的誘惑而爲惡。周敦頤所謂：「惟人也，得其秀而最靈，形即生矣，神發知矣，五性感動而善惡分，萬事出矣。聖人定之以中正仁義而主靜，立人極焉。」（《周子全書》卷一，〈太極圖說〉），就是強調個人受天之理而有某種道德理性的自然傾向，這種傾向，就是張載說的：「惡盡去則善因以成，故曰繼之者善、成之者性也。」（《正蒙‧誠明》），所繼所成者爲何？其實就是「天理」。這也是二程所謂：「有道有理，天人一也，更不分別。」（《二程集》卷二，〈河南程氏遺書〉），天人共有的部分，而且人稟受此天理之初，沒有階級高低之分，故「性即是理，理則自堯舜至於塗人，一也。」（《二程集》，〈河南程氏遺書〉卷十八）。此後，宋儒再申論人在社會倫理秩序中的角色，以及道德功夫的必然性，此與先秦儒者相同，都是以「天人合一」的觀念做前者的理論根據。

如果上述的論點無誤，宋儒的天道觀念所逐漸凝聚而成的「理」本體論，透過與「天人合一」理念的接合，實則大大地擴展了儒宋心性觀的廣度。中國思想史的發展現象告訴我們，無論學術思想如何遞變，儒家始終堅持入世的思維模式，因此，宋儒發展的「天道觀」就是爲「心性論」所提供的服務，而「心性論」下所歸結的社會倫理秩序的和諧，與夫道德修養功夫的落實，才是所有儒者的終極關懷。許衡善繼宋儒之天道觀，所謂：

> 人能自戒懼而約之，以至於至靜之中，無所偏倚，則吾之心正，天地之心亦正。故三光全，寒暑平、山岳奠、河海青，而天地各安其所矣。自謹獨而精之以至於應物之處，無少差謬，則吾之氣順，天地之氣亦順，則草樂蕃盛，鳥獸鳥繁咸若，而萬物各遂其生焉。（《魯齋遺書》卷五，〈中庸直解〉）

人能自覺的做道德功夫，自然能上侔天道，贊天地之化育。其所稱「吾之心正，天地之心亦正。」則是指人心虛靈不昧，藉由其自覺匡正善惡得失的理性與積極的能動性，將「心」與天之「理」，天所命之「性」合而爲一，所謂「心也、性也、天也，一理也，如何？先生曰：便是一以貫之。」（《魯齋遺書》卷一，〈語錄上〉）即是，三者的貫通爲一，就是指人經由自覺的道德修

養功夫，積極的實現自我，不僅自覺完成了進德修業，更因而可同天地造化之物，與天地並列為三，取得了與天地相同的地位。此為人文精神發展之極致，正因有此前提，宋儒所謂「為天地立心」(《張載集‧近思錄拾遺》)、「仁者以天地萬物為一體，莫非己也。」(《二程集》，〈河南程氏遺書〉卷二)的理想方可成立。

許衡說：

> 故曰立天下之大本，於天地之化育，陰陽屈伸，形色變化，皆默契於
> 心，渾融而無間，故曰知天地之化育，這經綸大經、立大本、知化育
> 三件事，都從聖人心上發出來。(《魯齋遺書》卷五，〈中庸直解〉)

一般人若能如「聖人」一般，所謂「經綸大經、立大本、知化育」三者，並非難事。「聖人」是儒家最高的道德理性典範，許衡肯定聖人可以贊天地化育之功，絕非只是某種道德的階級意識。事實上，早期儒家就認為「人皆可以為堯舜」，堯舜就是古代聖人的代表，所以「人皆可以為堯舜」，應該是所有儒者所認同的理念。然而，人又如何才能成為聖人，達到與天地同列的地位呢？此處儒者開始討論道德的修養功夫。從人生意義上來看，也可以藉此透顯出人之所以為「人」的價值了。許衡稱「故上帝降衷，人得之以為心，心形雖小，中間蘊藏天地萬物之理，所謂性也，所謂明德也，虛靈明覺神妙不測，與天地一般。」(《魯齋遺書》卷三，〈論明明德〉)，「性」乃天之所賦予的本質，「心」能明德，就是基於這樣的本質所做的自覺道德功夫。

因此，自然的法則與道德理性合一，人存在的價值就是能積極的藉由自覺的道德修養功夫，與自然法則和諧一致。許衡特別強調：

> 人與天地同，是甚底同？人不過有六尺之軀，其大處同處指心也，
> 謂心與天地一般。(《魯齋遺書》卷二，〈語錄下〉)

所以人的處心立事，應該「天地間當大著心，不可拘於氣質，局於一己。」(《魯齋遺書》卷二，〈語錄下〉)，由此可見，許衡特意提高「心」的重要性，而與天地同列，就是一方面突出人的地位可與天地相比；另一方面更指出人的存在價值，就是從「心」的明德踐履中建立起來的。

二、義與命

人因受天之稟賦而有道德理性的自覺能力，故能贊天地之化育，而與天地同，卻也同時受氣稟所拘，一則為徇私慾而不免為惡，一則受生死富貴夭

壽等客觀的限制，無可奈何。儒家針對前者，提出爲善去惡的道德理性以救之，後者則以「義命」的觀點，再次強調人文精神的重要性，也同時強化道德理性在人生境遇抉擇上的優越地位。

儒學思想體系中，「命」所代表的是外在客觀的限制，其間包含人的富貴夭壽境遇，是人力所無法改變的現實；「義」則是內在主觀意志外發的合宜表現，涵蓋道德理性的所有內容，從而完全掌控在人自覺的道德意識上。儒家將屬於實然的「命」，與應然的「義」二分，並進一步強調「義」所蘊涵人自覺意識的價值。這種做法，固然是「天人合一」理論爲人事變化法則的又一明燈，更重要的，在於提昇道德理性的地位，穩定人生態度中因實然與應然的衝突而造成價值混亂的情形。於是「子曰：富與貴，是人之所欲也，不以其道得之，不處也。貧與賤，是人之所惡也，不以其道得之，不去也。」(《論語・里仁》)，「富貴」、「貧賤」都是「命」，面對這些客觀的限制，不因情緒好惡而去取，卻完全以「道」爲標準，這個「道」就是前述所謂的「義」。

如有上述的認識，自然在人生態度上就能「不義而富且貴，於我如浮雲。」(《論語・述而》)，從而拋棄富貴的追求，把關注力放在仁義道德之事，且能積極的有所貢獻，孔孟認爲「志士仁人，無求生以害仁，有殺身以成仁。」(《論語・衛靈公》)、「生，亦我所欲也。義，亦我所欲也。二者不可得兼，舍生而取義者也。生亦我所欲，所欲有甚於生者，故不爲苟得也。死亦我所惡，所惡有甚於死者，故患有所不辟也。」(《孟子・告子》)，這些文字，都完全展現了儒者願意爲仁義道德積極奉獻的說法。許衡克承往聖昔賢之遺緒，對「義命」問題自然也十分重視，並且在「命」的範疇上多有發揮。

由於佛道及民間術數之學仍然昌行，許衡一開始便將「命」這個論題加以澄清，他說：「說知命不是術數家言命，亦非二氏福孽之命，是天所賦盡力行去。」(《魯齋遺書》卷二，〈語錄下〉)，就是說所謂的「命」並不是術數家的宿命，也不是佛道的一種不可更易的法則，而是人面對天之所賦者，盡力去實行人生應然的責任。正是經由此處的闡明，方可透見儒家入世的傾向，以及積極創造道德倫理秩序的動力。所以許衡認爲眾人皆須知「貧賤富貴生死脩短福禍稟於氣，皆本乎天也，是一定之分，不可強求也。」(《魯齋遺書》卷一，〈語錄上〉)，身爲一位君子，更應該知悉天之所命，因爲「知命者，是天道流行之命，不知命不以爲君子也。」(《魯齋遺書》卷二，〈語錄下〉)，了

解客觀限制之後，接著採取合宜的因應策略，就能合乎君子的條件。

此外，許衡認爲一個人能上知天命還不夠，必須有道德的自覺，行其所當行，而所謂的「聖人」，正是一個完美的示範，因爲「聖人之心固天地之心也，然其處事接物必以禮制之，初不問彼之天命何如也。」（《魯齋遺書》卷八，〈論語所否者〉）。藉此，許衡再引出「正命」與「非正命」的觀念。他說：

> 福禍生死修短雖有一定之分，然其中有正命有非正命。正命者，盡其道而不立乎巖牆之下，脩身以俟之，乃天之所命，非人之所爲。非正命者，行險徼幸，桎梏而死，乃人之所自取，非天所命也。（《魯齋遺書》卷二，〈語錄下〉）

這兩個相對的觀念中，關鍵詞就在「正」字，而「正」或「非正」的衡量標準，即在仁義道德之事。所以「命」在此處只是人必然面對的客觀限制，「不立乎巖牆之下」以輕生，是基本的要求，面對天所賦之「福禍生死脩短」時，「盡其道而，修身以俟之」便是得其「正」；「行險徼幸，桎梏而死」則不得其「正」了。

許衡又以史事爲例，如「紂天命未改，只得爲君，一日天命改便是獨夫，天地陰陽人都是如此，精氣行到他處，便得爲君爲長。」（《魯齋遺書》卷二，〈語錄下〉），紂之能爲君，乃天之所命，這是「命」之實然，本不可變易，但其殘殘乖戾，禍國殃民，天命便改，不堪爲君，即爲獨夫，終至國滅身亡。許氏這段敘述似乎有些曖昧，天命之所以改是有一個臨照萬方的上帝，觀察紂不得爲君而改天命？還是紂的暴虐改了天之所命的內容？前言命「是一定之分，不可強求也。」似乎暗指後面假設的可能應該不存在，那麼是前者嗎？儒家眞的有明確「上帝」概念？或是某種行使道德審判的權力執行者？然而，許衡又曾說「人爲不善便有凶禍相對」（《魯齋遺書》卷二，〈語錄下〉），所以前面的假設也難以成立，那麼到底何者爲是？針對這個問題，我們可以做如下的解釋：紂之能否爲君，是在於天之所命，取決於富貴貧賤夭壽的客觀限制；紂不能爲君，也是天命所致，但改與不改的關鍵，卻是在倫理道德的意義上。「義」與「命」在此結合，其結合的立論點就是周初「天命靡常」的人文精神，儒家學術思想用力處在此，所以許衡強調人之所爲可以改變天之所命的立場，應該是很十分明確的。

「義命」問題的討論，在儒家的倫理道德系統中，有其十分重要的地

位，其原因就在於儒家的政治訴求原是回到三代聖王的清平之治，然而當世卻又是一個禮壞樂崩的時代，回首古聖先王的良風善政以爲楷模，固然重要，卻很難解決紊亂時局中的道德危機。故而「義命」問題的澄清不僅在當時混淆的價值觀中，特別重要，也爲仁義道德保持了一塊值得傾慕嚮往的園地，以及爲迷茫無知的眾人，提供了立身處事的原則。此後的儒者繼志述事，代代相傳，始終堅持這套立身處世的原則，積極地投入經世濟民的大業之中。

許衡曾以簡單的譬喻，說明義與命的關係，他說：

> 人處富貴貧賤，如天之春夏秋冬，天行春夏，令人有春夏衣服，天行秋冬，令人準備秋冬衣服，冬裘夏葛即其義也。天有命，人有義，雖處貧賤富貴，各行乎當爲之事，即義也。只有一個義字，都應對了，隨遇而安，便是樂天知命也。（《魯齋遺書》卷二，〈語錄下〉）

春夏秋冬四季，是天體運行的自然現象，實有其不變的常軌，人力不能更改。但選擇在哪種季節，穿著適合的衣服，則是人可以自己選擇的，其他的一切隨遇而安。這種詳細分辨義命的關係，掌握自己的選擇，不憂不惑不懼，無人而不自得，就是許衡所謂「樂天知命」的境界了。

人生在世，常常必須面對「義」與「命」的抉擇，甚至難免「有不虞之譽，有求全之毀。」（《魯齋遺書》卷一，〈語錄上〉），儒家相信，人妄圖因德而獲福祿，乃至媚天而求富貴，都是枉然之舉，不如堅持道德操守，樂觀的接受天命的安排，此乃由於天命的安排難以預期，堅持道德的操守與樂觀的態度便是儒者所努力的重點了。此外，許衡認爲，面對義命的抉擇，首先應該分辨出哪些是自己可以掌握的部分，哪些不行，故「凡事物之際有兩件，有由自己的，有不由自己的，由自己的有義在，不由自己的有命在，歸於義命而已。」（《魯齋遺書》卷一，〈語錄上〉），「義」是由自己的，「命」是不由自己的，而且：

> 人於患難間，只有個處置放下，有天之所爲，有人之所爲，合處置者，在乎人之所爲，以有義也；合放下者，在乎天之所爲，以有天命也，先盡人之道義，內省不疚，然後放下，委之於命也。（《魯齋遺書》卷二，〈語錄下〉）

「義」是由自己的，人之所爲，是合處置者；「命」是不由自己的，天之所爲，合放下者。許衡的建議是先掌握由自己的部分，益加工夫窮究，連到內省不

疚的地步，然後放下不由自己的，順應天命。

三、從天理到人性

　　由上述各節可知，許衡承續宋儒「天人合一」的觀點，借天道的思想作為充實倫理道德體系內涵的基礎，但如何將天道的思想融入倫理道德價值之中，則有賴心性論的接榫。原因無他，人能自覺的對天道認同，而施之於倫理道德之事，就必須產生某種衝接兩者的能力，許衡在「心性論」的討論，即為此種能力的具體敘述。換句話說，從天理到人性，是許衡秉持自宋儒以來的傳統，為「天人合一」的思想建立新的詮釋，也是建構倫理道德價值體系的重要橋樑。然而，在這樣的基本認識下，我們還得進一步的追問，許衡的做法有何特殊意義？尤其對時代環境而言，這種說法對時人有何啓示？許衡為一代儒宗，不管在元初或其後的年代，均享盛譽，又其執教多年，門生弟子遍佈天下，不論在朝在野，都接下了傳遞文化的棒子，所以許衡思想的價值，自不待言。我們認為，許衡對「自然觀」與「心性論」兩者的體認，以及對時代的啓示，就集中在從天理到人性的思維與義涵，因為這個部分總結自然觀的歸向，也提示了倫理道德內涵中有關心性功夫的努力。本文以下便概略敘述許衡從天理到人性的思維意義。

　　首先，從天理到人性的論述過程中，許衡積極的豁醒人文精神的價值。所謂人文精神的價值，就是強調在天道思想中人發揮其自覺理性能力的部分，由此可見人之所以為人的價值，這也就是人文精神的價值。許衡在前述「義與命」這個範疇中，就已經堅決了宣示了人文精神價值的意義，他說：「先盡人之道義，內省不疚，然后放下委之於命也。」（《魯齋遺書》卷二，〈語錄下〉），「義」是人可以主觀決定執守與否的部分，「命」卻是客觀存在的限制，許衡認為應該先選擇可以主觀控制的部分，就是明確強調人不需要全然受制於客觀的命運安排，卻必須堅守天所賦予的明覺理性。所以「聖人之心固天地之心也，然其處事接物必以禮制之，初不問彼之天命何如也。」（《魯齋遺書》卷八，〈論語所否者〉），「聖人」的典範意義，就在於其能夠做到堅持天理到人性的道德理性，不因外在限制而有所改變，由此可見人的地位與價值的突顯。

　　除此之外，許衡不僅指出人能外於天命的掌握，自覺地堅持道德理性的部份，同時也肯定透過某種積極的努力，乃至可以贊天地之化育，與天地為

參。他說：「這經綸大經、立大本、知化育三件事，都從聖人心上發出來。」（《魯齋遺書》卷五，〈中庸直解〉），他心目中的「聖人」，就是通過某種道德修養功夫，達到「經綸大經、立大本、知化育」的境界，甚至「人能自戒懼而約之，以至于至靜之中，無所偏倚，則吾之心正，天地之心亦正。……自謹獨而精之以至于應物之處，無少差謬，則吾之氣順，天地之氣亦順，則草木蕃盛，鳥獸魚鱉咸若，而萬物各遂其生焉。」（《魯齋遺書》卷五，〈中庸直解〉）。因此，我們可以說，許衡從天理到人性的論述中，的確十分強調於突顯人文精神的價值。

其次，許衡藉由天道觀的討論，為其心性的思想提供形上依據，從另外一個角度上看，「心性論」所引發出的道德修養功夫或「內聖外王」的表現，似乎也是一個在尋求與某種天理的和諧秩序相契合的過程。中國傳統思想中的「天人關係」，不是一種競爭的關係，也不是認識的關係，反而是一種價值的關係〔註 13〕，一種天人兩者對和諧秩序的共同追求。前述人的地位提昇，乃至人能贊天地化育的說法，就是描述天人兩者共同追求某種和諧秩序的過程，在此過程中天人之間不是兩相競爭，卻是一種合諧共存的關係。然而，追尋的是哪種和諧的秩序？我們認為，許衡將這種和諧的秩序規定為自然的法則，如前所述，自然的法則不是特別為人而設，萬事萬物皆以此為根源，人就是追求這種因循自然法則所形成的和諧秩序。

人又該遵循何種自然法則，才可追求這種和諧的秩序？依許衡的說法，就是諸如「理一分殊」、「無獨必有對」、「居中履正合時義」等自然法則，但這些法則必須落實在倫理道德的意義之下，才能對穩定社會秩序發揮積極效果，所以這些法則當然可以視為倫理道德之事了。許衡相信這些自然法則就是「道」（也是所謂的「理」）的體現，而「道是日用事物當行之理」（《魯齋遺書》卷五，〈中庸直解〉），若是「人物各循其性之自然，則其日用事物之間莫不各有當行的道路。」（《魯齋遺書》卷五，〈中庸直解〉），人如果能從日用

〔註 13〕蒙培元認為：「中國古代哲學家都把『究天人之際』看做最高的學問和智慧，理道就在這裡……理學無不以天為心性本源……人的存在，是自然法則，宇宙規律的具體實現……存在的意義，是為了實現人與自然界的動態平衡，並不是認識和改造自然。人與自然是一種價值關係，而非認識的關係。」（《中國心性論》，台北：台灣學生書局，1990 年），我們認為，蒙氏的說法仍然適用於本文討論許衡「天人合一」的論述，故採用該說輔助說明之。

事物之間遵循自然的法則（當行之理）做起，就能合乎「道」所指涉的和諧秩序了。

　　上述文字中，許衡堅信藉由遵循自然法則，行倫理道德之「天理」，就能「自謹獨而精之以至於應物之處，無少差謬，則吾之氣順，天地之氣亦順，則草木蕃盛，鳥獸魚鱉咸若，而萬物各遂其生焉。」（《魯齋遺書》卷五，〈中庸直解〉），「吾之氣順，天地之氣亦順」並非妄圖以人力改造自然，而是透過「自謹獨而精之以至于應物之處，無少差謬。」遵循自然法則而契合天地間和諧的秩序。故「天地各安其所」，是從人追求和諧秩序的立場，主觀的與天默契爲一，進而體認萬物各遂其生的意義。人追求和諧秩序的過程中，即是透過心性的工夫，主觀的修養到能與天契合的狀態，許衡所稱：「心也、性也、天也，一理也，如何？先生曰：便是一以貫之。」（《魯齋遺書》卷一，〈語錄上〉），其中「一以貫之」則是透過某種修養而達到與天契合的狀態，而這樣的狀態，也正是「心性論」的極致，也同時完成了建構倫理價值體系的準備。

　　最後，許衡從天理到人性的論述過程中，反覆強調人實現自我的重要意義。儒家一向強調自我修養的功夫，《大學》八條目就是在倫理道德的意義下，討論自我修養的意義。然而，自從理學家將「自然觀」的思想深化後，除了自我修養功夫的倫理道德意義外，又添加了某種天道思維下的義涵。理學家在對「天人合一」的認可之下，認爲人主觀的可與天默契爲一，自我修養功夫即成爲與天爲一的晉身之階，人也從修養功夫的過程中體現自我的價值。自我修養功夫越力，自我價值越發得以彰顯，這種持續不斷肯定自我的過程，我們稱之爲「自我實現」，落實在心性論上說，就是透過某種自我心性的修養功夫，上侔天道，從而獲得自我價值的彰顯。

　　許衡說：「故上帝降衷，人得之以爲心，心形雖小，中間蘊藏天地萬物之理，所謂性也，所謂明德也，虛靈明神妙不測，與天地一般。」（《魯齋遺書》卷三，〈小學大義〉），心蘊藏天地萬物之理，且是天降人得的明德之器，故人可藉此「虛靈明覺神妙不測」的心與天爲一。但如何與天爲一呢？許衡認爲：

　　　　人稟天命之性爲明德，本體虛靈不昧，具眾理萬應萬事……但眾人
　　　　多爲氣稟所拘，物欲所蔽，本性不得常存。……故《中庸》教人存
　　　　養省察，蓋不睹不聞之時，戒愼恐懼以存之，所以存天理之本然，而

　　不使之須臾離道，此所謂致中也。(《魯齋遺書》卷二，〈語錄下〉)

「明德本體虛靈不昧，具眾理而應萬事」者就是指心，透過道德修養功夫，使自身「存天理之本然，而不使之須臾離道」，而達到所謂「致中」的境界，就能與天為一。此乃經由不斷自我修養功夫而企求與天為一的過程，也是個體持續追求自我實現的過程。

　　綜上所述，我們可以瞭解許衡從天理到人性的理論架構，實有其深刻意義。這套理論架構，不僅深化了原有「天人合一」的思想內涵，更重要的，他透過「心性論」的建立，有力地連接「自然觀」和倫理價值體系兩個範疇。許衡的「心性論」也突顯了人在自然現象與社會倫理秩序的主體意義，因此，人經由不斷的自我實現過程，一方面追求某種和諧的秩序，進而與天為一；另一方面，又進一步發揮在倫理價值體系之中，成為道德修養功夫與外王事業的實現動因。

第四節　心與性

　　我們可以從前文的論述發現，許衡刻意突顯人在自然界中的主動意義，也透過這樣的思考歷程，展現儒家積極入世的態度。理學家在「自然觀」的努力，乃是源自於早期儒家在天論方面已有的體會，又有其他學術思想的刺激所致，然究其初衷，當是為建構倫理道德的價值體系所規劃的理論基礎。從另一個觀點看，理學家的思考雖然大大地擴充了儒學的範疇，更重要的，他們將主觀的道德期待和客觀的外在限制做一區分，其結果迂迴地證明了人在自然界中的能動力，人的地位和價值也因而豁顯。然而，許衡在論述中雖強調人的能動力十分重要，但如何證明人有此能動力？此能動力落到實際的倫理道德情境之中，又是如何發揮其作用？在道德判斷的過程，有何種意義？這些都是我們必須進一步探討的內容。

　　本節將透過「心與性的關係」、「心的作用」、「心性觀點的發揮」等三個命題，了解許衡的心性思想，並探討他如何將心性的看法發揮到實際的事物之中。

一、心與性的關係

　　中國「心性論」的發展，並非一個靜止的狀態，有關「心」與「性」的內涵，常因學派立場、切入角度、偏重層面的不同，而有所差異。舉例來說，

除了孟子主「性善」外，譬如告子的「生之謂性」強調人生而具有的本質，荀子也是說人性的生物本質言「人之性惡，其善者僞也。」此後揚雄、韓愈、李翱諸人，也本於對心性的不同理解，提出許多特殊的見解。儒學發展到兩宋，由於以「理」爲主體，復以形上形上二分的「自然觀」逐漸醞釀成熟，所以心性之說的發展，就變成某種形而上的依據，下貫到每個個體的道德實踐之中的主要橋樑了。

「性即理」的觀念主導兩宋的理學思潮，直到陸象山至王陽明的學說盛行後，才有另一番新的看法。事實上，陸王兩人雖不廢自然法則的規律性，卻強調自覺的道德理性是內發而非外求，並反對程朱將物、事二分，以及人心、道心的二元對立區隔所造成理論與實踐的困難〔註14〕。我們可以這麼說，程朱與陸王的主要差異，並不在於「自然觀」的孰是孰非，卻是「心」或「理」兩者誰是第一序的問題〔註15〕。換句話說，兩派的爭論主題，是在共同認可的「自然觀」範疇之下，人應該透過何種方法掌握「天理」，或者是「天理」如何在人的主體意識下發揮其作用的過程而已。

元初的許衡，就處在這兩造壁壘分明的陣營之間，許多學者肯定許衡接續程朱學統的重要貢獻，甚至許衡本人，也奉朱熹之學爲正宗。相反的，也有許多學者認爲許衡的另一貢獻，在於調和朱陸，開明季「心學」之統，這是我們曾經討論過的。因此，我們認爲，有關許衡「心性論」的考察，不僅可以檢討出許衡在「心性論」方面與朱王之間的關係，也同時可以明白的指出許衡的「心性論」在其學術思想系統的價值。然而，程朱之學將「理」置爲第一序的觀念，如前文所述，其重點仍在以「心性論」的深入探討建立倫理體系的內涵；陸王則以「心性論」爲第一序的觀念，從而直接發展出一套

〔註14〕譬如王陽明曾說：「未雜以人謂之道心，雜以人僞謂之人心，人心之得其正者即道心，道心之失其正者即人心，出非有二心也。」（《傳習錄》上），陽明否定程朱將人心、道心二分之說，原是納「理」於「心」，因此，人心道心兩者並非對立的兩個概念，而是一心存天理或趨人欲與否而已。我們認爲，程朱與陸王的看法雖然都承認天理的存在，卻有從「理」觀「心」，納「理」於「心」的不同，換言之，就是視「理」或「心」孰爲第一序觀念而衍生的結論。

〔註15〕勞思光在《新編中國哲學史》（三上）（台北：三民書局，1987年）一書中，曾檢討以往對宋明理學分系的相關說法，其中「三系說」的根據，就是認爲周敦頤爲首的理學家，是以「天」的觀念爲第一序；程頤一派，則以「理」的觀念爲第一序；陸王諸人之說，卻以「心」爲第一序的觀念，本文即以此觀念，區分程朱與陸王的差異之處。

心性觀，也是作爲建立倫理價值體系的基礎。既然兩派都談心性，也同樣的企圖以各自發展的「心性論」建立倫理的價值與內涵，如今我們試圖了解許衡有關心性的看法，首先就該避免某種學派歸屬的定見，將其對心性內涵的看法做一忠實的界定，從而反省其介於兩大陣營所代表的意義，以及如何建立倫理道德的價值體系。

　　許衡認爲，「性」是指人所受的天賦之理，故「天生人物，既與之氣以成形，必賦之理以爲性。」（《魯齋遺書》卷五，〈中庸直解〉），「性」就是「理」的化身，先天地存在於人物之中。如果就道德的層面來說，「性」如同天理一般，純然至善，無絲毫瑕疵，所以「自其德無不實而明無不照，這是聖人之德，天性本來有的，所以叫做性。」（《魯齋遺書》卷五，〈中庸直解〉）。由此可知，許衡對「性」的看法是偏向純然至善的道德理性詮釋，然其根源則是來自於形而上的自然法則──「理」的運作而得。許衡這種看法並非創見，他極力稱誦的朱熹，已有這樣的理解，朱熹說：「性只是理，萬理之總名。此理亦只是天地間公共之理，稟得來後便爲我所有。」（《朱子語類》卷一一七）。朱熹是繼承二程所謂「性即理」的看法，將天人的關係透過天賦之「理」（即「性」）的觀念轉換，使天人兩者立於某種共同的基礎之上，才有合而爲一的契機。所以，許衡如北宋諸儒一般，論天必及人，天之所賦的主觀道德理性與客觀的外在限制同論，「凡言性者便有命，凡言命者便有性。」（《魯齋遺書》卷一，〈語錄上〉），「天人合一」的意義就在此處得以彰顯，由「自然觀」到「心性論」進而建立倫理價值的體係的歷程，也藉此獲得理論發展的基礎。我們相信，「性」就是得以貫串天人之際的橋樑，也是「自然觀」與「心性論」兩者的匯通處。

　　然而，「性」既爲人受之於天理而有的天賦本質，所謂的「心」又有何種意義？「心」與「性」又有何種關係？我們可以說，許衡對「心」的理解是複雜的。許衡藉「人心」、「道心」的關係，提出人心仍有基於氣稟的感性知覺。他說：「聲色臭味發於氣，人心也，便是人欲；仁義五常根於性，道心也，便是天理。」（《魯齋遺書》卷二，〈語錄下〉），「道心」當然指的是天賦的道德理性，「人心」則是某種感官的知覺能力，這種知覺能力是自然的能力，並未經過倫理道德的價值判斷，只有當「爲氣稟所拘，物欲所蔽，本性不得常存。或發一件善念，便有被氣稟物慾之私昏蔽了，故臨事時對人旋安排把捉，未臨事之前，與無人獨處，卻變放肆爲惡」（《魯齋遺書》卷二，〈語錄下〉），

所謂「天命之性」就是「道心」，眞正的「惡」卻是在氣稟的感官知覺「人心」被物欲之私蒙蔽，無法回到「天命之性」的「道心」，從而肆無忌憚，悖道離德。因此，許衡認爲「心」同時具備天賦道德理性與氣稟的感官知覺兩種特性，而這樣的論點，我們也完全可以從朱熹的思想中獲得印證〔註16〕。

觀察許衡其他有關「心」的資料，我們發現了一個有趣的現象，相較於說明心的感官知覺義，許衡似乎更強調「心」的天賦道德理性意義。此處許衡先肯定心具眾理，所以「故上帝降衷，人得之以爲心，心形雖小，中間蘊藏天地萬物之理，與天地一般。」（《魯齋遺書》卷三，〈論明明德〉），而且「道是日常事物當行之理，皆性之德，而具於心。」（《魯齋遺書》卷五，〈中庸直解〉）。他又認爲「性」是「心」的本體，所以他說：「性者，心之體。」（《魯齋遺書》卷二，〈語錄下〉），這兩個觀點，我們當然也可以從朱熹的言論中找出類似的看法。但更值得注意的是，許衡一面說明心具眾理，性爲心之本體，似乎暗示心與性、理兩者不同，但其他的說辭卻是強調三者的一致性，所以「心也、性也、天也，一理也，如何？先生日：便是一以貫之。」（《魯齋遺書》卷一，〈語錄上〉），就是將三者視爲一體。

正因許衡十分重視「心」的天賦道德理性意義，所以具有最高道德典範的「聖人」，就是藉由「心」的天賦道德理性意義，與天合其德，「聖人之心固天地之心也。」（《魯齋遺書》卷八，〈論語所否者〉）。故而人能贊天地之化育，也從心上的發動而來的，「故日立天下之大本，於天地之化育，陰陽屈伸，形色變化，皆默契於于心，渾融而無間，故日知天地之化育……都從聖人心上發出來。」（《魯齋遺書》卷五，〈中庸直解〉）。許衡將「心」的地位提高後，人的價值意義也在「心」的功能作用之上。一般的生活中，「心之所存者理一，身之所行者分殊。」（《魯齋遺書》卷二，〈語錄下〉），身心皆無愧於天道，在某種意義上說，以天賦道德理性立身行事，無所差謬，就像天地萬物在自然法則——理的運行下，各得其所，他說：「問一心可以宰萬物，一理可以統萬事。先生日：是說一以貫之。」（《魯齋遺書》卷二，〈語錄下〉），「一

〔註16〕朱熹曾言：「心之虛靈知覺，一而已矣。而以爲有人心道心之異者，則以其或生於形氣之私，或原於性命之正，而所以爲知覺者不同，是以或危殆而不安，或微妙而難見耳。然人莫不有是形，故雖上智不能無人心；亦莫不有是性，故雖下愚不能無道心。（《中庸章句序》），朱熹雖然強調心有虛靈知覺的特性，卻也不否認因形氣之私，故有人心道心之別，此乃明指心同時兼具道德理性與氣稟的客觀限制兩種特質。

理可以統萬事」是基於萬物皆稟形上之理而論，學者無異辭，但「一心可以宰萬物」，則須加以詮釋。前文已論，許衡的「天人合一」觀，是從天理到人性的論述過程中，積極的肯定天人之間對某種和諧秩序的共同追求，由此天人默契而合一，人便能主觀的與天爲一體，進而贊天地之化育，所謂「一心可以宰萬物」就是在這樣的前提下成立的。

綜上所述，我們可以說，「性」在許衡的觀念中，是「理」降於人的純善本質，「理」本身無善惡，降之於人後，就倫理道德的規範衡之，才有所謂善惡。許衡之所以將「性」規定爲善，乃是理學家認爲「理」是道德倫理價值體系的終極目標，故而從倫理道德意義上說「理」爲善，理降之於人的「性」也就純然至善了。至於「心」，許衡認爲心存於人，爲氣所構成，因其在倫理道德意義下談，所以有善有惡；氣無善惡，只有循理不循理，但人是在倫理道德價值下論理，氣之不循理，就有惡的可能。因此，許衡認爲「心」雖由「氣」組成，還不能算是惡，必須是感官接受外在誘惑後，放僻邪侈，才是惡的表現，此處，許衡道出透過某種道德修養工夫，可以使「心」不受外在誘惑，進而經由「心」所天賦具有的明覺本質，回歸到「性」（即「理」）的純然至善境界。於是，「性」可說是「心」在道德修養工夫上的歸宿，如果人能透過道德修養工夫，達到純然至善的境界，那麼，心、性、天就可以一以貫之，天與人因此合一，當然也就可以贊天地之化育了。

二、心的作用

經由前面的討論，我們大概可以了解心和性的關係了。事實上，性就是理，純然至善，而心就必須透過某種修養的工夫，才能使人達到純然至善的境界。心如何使人純然至善？此就涉及心的作用義上，也就在這個部分，程朱與陸王兩派見解分歧，各有所見。如前所述，許衡將心的作用無限擴大，爲得是使人能上升至與天合一的境界，所以他說：

> 立天下之大本，於天地之化育，陰陽屈伸，形色變化，皆默契於心，渾融而無間，故曰知天地之化育。（《魯齋遺書》卷五，〈中庸直解〉）

「渾融而無間」是指天人之間默契爲一的狀態，所謂「經綸大經、立大本、知化育」，就是指達到這個狀態後，人主觀地可以掌握天理的創造與奧妙之處。雖然心因氣稟也有爲惡的可能，許衡更執意於心與性理一貫的部分，因

此，本文所稱「心的作用」，就應該是被界定在許衡發揮「心」藉由某種修養工夫，達到與性理一貫純然至善境界的過程。道德修養的工夫，在本文後面章節另行論述，此處我們要透過人心推向純然至善過程的了解，展現許衡有關「心的作用」上的詮釋。

「心」有何作用呢？心的作用即是本體的作用？還是透過知覺本體的存在，並加以踐履的作用過程？上述兩者的差異，在於心是本體，或者只是某種知覺本體的能力而已。且不論何者為是，其後一旦本體確立，本體發用處則無所差別，因為都是在倫理道德的價值體系上體現，故其理論歸結處也並無二致。然而有些學者認為，以「理」為第一序的程朱思想，贊成後者透過心知覺本體的存在，再加以踐履的道德修養，是一種他律的道德理性認識；以「心」為第一序的陸王學派，則以為心即是本體，即體即用，則是一種自律的道德理性體證。這些學者基於人類追求「自由意志」的普遍願望，以及對先秦儒家的認識，從而肯定自律道德，貶低他律道德的價值，由此分別盛極一時的程朱學派是「別子為宗」，而真正克承儒學大統，弘揚人類道德性光輝者，則當屬陸王一系無疑〔註17〕。

上述的看法是否切要，姑且不論，卻使讀者得以一窺兩派學術思想精采之處，也算貢獻不小，更重要的是，我們似乎也可以將這樣的討論方式，應用到許衡「心性論」的學說之上。而當急之務，就在於確定許衡的「心」，是否如陸、王之說具有本體的義涵呢？許衡說：「人心本體，至靈至虛，莫不有個自然知識。」(《魯齋遺書》卷四，〈大學直解〉)。這段話中，到底是說人心是本體，還是人心的本體呢？「莫不有個自然知識」是指什麼呢？依陸、王，如果人心是本體，顯然不需要什麼自然知識，那麼人心的本體，需要自然知識嗎？依程朱，人心的本體是「理」，它是自然的法則，人如果要掌握這個自然的法則，就必須透過「即物窮理」的工夫，所以「莫不有個自然知識」不是本體需要自然知識，而是人要掌握本體的過程，需要對自然知識有所認識、積累而匯通。因此，我們可以得到初步的結論：許衡的「心」並不具備本體

〔註17〕牟宗三從對傳統理學的理解開始批判，檢討了一般視程朱為理學正宗的共識，進而提出所謂「別子為宗」的觀念。他的基本論點，乃是將陸王一系視為承續孔孟傳統的正宗，他相信程朱理學所示範的道德學說，無論在形上學的建構，還是他律道德觀念的宣傳，都已悖離先秦孔孟之傳的原旨，因此，他強調中國傳統以來，學術界始終奉程朱為正宗的現象，正如同所謂的視「別子為宗」的誤謬。((《心體與性體》(三)，台北：台灣學生書局，1990年)

的意義，所以「心的作用」就不是本體的作用。如此一來，「心」的作用該在何處發揮呢？它又是怎麼發揮的呢？

許衡認為「心」因為蘊藏天地萬物之理，就被稱為「性」，也因而具有「明德」和「虛靈明覺神妙不測」的能力。就理論上說，「心」之所以能與性理合一，必與性理兩者的內涵有某種相關性或相容性，否則容易只強調外在操作意義的一致，而忽略內在意義的相融合，從而造成理論建構上的困難。但是，所謂的「明德」與「虛靈明覺神妙不測」是指一種能力，如果心具此明德明覺能力，我們感興趣的地方是在此明覺能力與心蘊藏天地萬物之理的關係為何？心蘊藏天地萬理是隱而不發的，經此明覺能力發動後，得以彰顯；還是心蘊藏天地萬理原已如此，昭然若揭，明覺能力使之推向至善的地位呢？答案顯然是後者。許衡早已強謂「心」的正面價值，所以念念於將心性理通貫於一，而且許衡闡發心的作用，其最主要的意義，絕不僅止於揭示某種中性價值的自然法則，而是在倫理道德價值體系下談理論性，進而透過心的作用，將人推向純理至善的境界。

朱熹曾說：

> 知覺從理上發來，便是仁、義、禮、智之心，便是道心。若知覺從形氣上發來，便是人心，便易於理相連。人只是一個心，非有兩個知覺，只是所以為知覺者不同。且如飢而思食，渴所當飲，此是人心。至於食所當食，飲所當飲，便是道心。（《北溪字義》）

心不是本體，理才是本體，心所知覺本體的對象就是理，知覺理之後，就會產生仁義理智等道德意識，這種知覺理的能力，朱熹稱之為「道心」；人又稟於形氣，出於自然，就是「人心」。「人心」並非惡，人心得接受外在誘惑而妄為才是惡，所以「人心」如果能經由道德的修養，還是能回到「理」的純然至善境界。許衡也說：「人稟天命之性為明德，本體虛靈不昧，具眾理而應萬事。」（《魯齋遺書》卷二，〈語錄下〉），「明德」指的就是心知覺理的能力：「天命之性」就是貫串心性理的統稱；所謂「具眾理而應萬事」，則是「心統性情者也。性者心之體，情者心之用也。」（《魯齋遺書》卷二，〈語錄下〉），心以性為體，以情為用，由此便能致中和、合理中節，無施而不善了。

許衡也說「人心」、「道心」。他的說詞是：「聲色臭味發於氣，人心也，便是人欲；仁義五常根於性，道心也，便是天理。」（《魯齋遺書》卷二，〈語錄下〉）。從語意上看，許衡似乎把「人心」當作人欲，「道心」就是天理。心

只有一個，怎麼又是人欲，又是天理呢？那人的道德修養工夫何在？上述朱熹說「人心」、「道心」並非有兩個知覺，而是一個出於實然的慾望，一個則出於應然的作為。但這種說詞顯然不適於解釋許衡「人心」、「道心」的內容，因為「天理」與「人欲」是兩個對立的價值判斷，而不是實然應然的先後調適，那麼，許衡的說法該如何詮釋呢？我們曾經討論過，心不是本體，但有知覺本體的能力；心是由氣所構成，卻難免受外來誘惑而為惡。心知覺本體，益加工夫窮究，付諸實行，則可以與天為一，這是明「道心」的後續修養工夫，所達到的成果；心因氣而有自然的需求，就是「人心」，「人心」受到外在的誘惑後，為滿足而放肆妄為，即有「人欲」之名。所以「人心」到「人欲」、「道心」到「天理」都是有層次的進展，不能任意劃上等號，否則將會曲解許衡的說法，也與前述的論點自相矛盾。

　　總之，在倫理道德意義下，「天理」和「人欲」分別成為「心的作用」發揮後善惡的兩造，「道心」與「人心」則分別指向這兩造的可能機緣。如朱熹所述，「人心」、「道心」只是實然與應然的前後作為而已，「天理」和「人欲」則是修養工夫與放肆妄為後的結果。因此，人如果放任實然的需求，就會轉成為滿足慾望的惡行；善加發揮本心之天賦明覺，不僅可以克制為惡的可能，透過某種道德修養工夫，甚至可與天理為一。許衡曾以「巧言令色」為例，說明這種關係：

> 巧言令色，人欲勝天理滅矣！人但當脩心自理，不問與他合與不合，
> 果能自修，天下人皆能合，若只以巧言令色求合，則其所合者可知
> 矣！（《魯齋遺書》卷一，〈語錄上〉）

「巧言令色」是為滿足某種慾望所表現出來的惡行，這時就是「人欲勝天理滅」，許衡勸戒人應當修心自理，求與天合，自然與天下人皆合，則可做到「天理勝而人欲滅」的地步，當然，這也是理學家的共同期望。

三、心性觀念的發揮

　　在許衡的言論中，對「心」的觀念是特別重視的，甚至有些學者認為這就是程朱理學過渡到陽明心學的標誌，或者是許衡調和朱陸的結果。前文已從理論的建構上，否定了這樣的看法，原因在於許衡有關「心」的意義，是強調其作用義，而非其本體義，「心」雖有知覺「理」的能力，但如何能掌握「理」的涵義並付諸實行，許衡認為有賴於「心」的作用。人透過不斷「自

我實現」的工夫，建立倫理道德價值體系，試圖掌握並實踐此天理，此即為人心發揮其作用之意。

　　許衡的「心性論」在探討的過程中得此結論後，落實於「內聖外王」的工夫與事業之中，將是何種表現呢？許衡十分重視「心」的作用在「內聖外王」事業中的影響力，諸如道德修養工夫、政治意識下的倫理關係、教化的內涵等相關論述，都是一再提出「心」的意義和所能發揮的實際效果。以下，我們將分別概述「心」的觀念發揮在這三個範疇的情形。

　　首先，在道德修養工夫的部分，史載：

> 燕王嘗從容語恂以守心之道。恂曰：嘗聞許衡言，人心猶印板。然
> 板本不差，雖摹千萬紙，皆不差；本既差矣，摹之於紙無不差者。
> （《魯齋遺書》卷十三，〈至元書〉）

許衡所謂的「人心猶印板」，應該是指經過某種道德修養工夫之後，人心已修煉到某種不受外在事物影響的地步，故於實際的行為上，不偏不倚，無過不及。心要如何修煉呢？許衡說：「天地間當大著心，不可拘於氣質、局於一己，貧賤憂戚不可過於隱慼，貴為公相不可驕。」（《魯齋遺書》卷二，〈語錄下〉），人如果拘於氣質，因富貴貧賤而失其原則，就會導致巧言令色，人欲勝而天理滅，甚至寡廉鮮恥，無所不為了。

　　因此，許衡要求大家：

> 必如古者《大學》之道，以修身為本。凡一事之來，一言之發，必
> 求其所以然與其所當然，不牽於愛，不避於憎，不因於喜，不激於
> 怒，虛心端意，熟思而審處之，雖有不中者，蓋鮮矣。（《魯齋遺書》
> 卷七，〈時務五事〉）

不受愛憎喜怒的影響，一切以道德理性為依歸，就是道德修養工夫的極至，但如何以道德理性為依歸呢？許衡認為應該先從用心省察事物之本末開始，所以他說：「《中庸》教人存養省察，蓋不睹不聞之時，戒慎恐懼以存之，所以存天理之本然，而不使之須臾離道，此所謂致中也。」（《魯齋遺書》卷二，〈語錄下〉），接著再慎思其所當行之事，自然中節合理，無所偏倚了。

　　其次，在政治意識上，儒家的政治思想是倫理觀念的延伸，是故《大學》的工夫次第以格物、致知、誠意、正心、修身、齊家等，做為治國平天下的基礎。然而，許衡在這一連串的工夫之中，特別強調「正心」的意義，他說：

> 孔子道脩身在正心,這的是大學裏的一個好法度,能正心便能脩身,
> 能脩身便能齊家,能齊家便能治國,能治國便能平天下,那誠意格
> 物致知都從這上頭做跟腳來。大概看來,這信當於正心上一步一步
> 行著去,一心正呵,一身正,一家正,一國正,這的便是平天下的
> 體例。(《魯齋遺書》卷三,〈直說大學要略〉)

一人之心正,可以導致身家國之正,最後達到平天下的境界,這是因為:

> 凡人心既正了,身又脩得正,在一家之中,為父者慈,父子者孝,
> 一日在朝廷為官,決忠於君,在家兄弟和睦,在外與人做伴當老
> 實,心裏慈愛,覷著百姓,恰似覷著家裏孩兒,每一般只要教百姓
> 快活,便是自己快活。(《魯齋遺書》卷三,〈大學要略〉)

人心皆得其正,則可各安其位,社會倫理秩序井然,所以天下國家皆可因心得其正而平治,這就是儒家「內聖外王」的最高理想。

　　《大學》雖是儒家經典中,比較沒有形上學意味的一部書,但由於理學家已在「自然觀」與「心性論」上有所發揮,故而政治思想及實踐上,便直就說其實用的功效立論。我們認為,這種現象不僅符合許衡「易簡」的學術訴求,以及務實的經世態度,更重要的是,元廷諸帝皆重實利,當許衡陳述政治理想、治國方略時,自然也得投其所好,才能獲得採納。

　　最後,在教化的內涵上,許衡自言以程朱理學教人,所以從《小學》到《大學》的為學次第,就是儒家「內聖」與「外王」理想的全面認識。許衡教育工作的表現,一向為後世所稱道,本文第七章將一一詳述,此處我們要強調的是心性觀念在許衡教化內涵的意義,所以必須集中焦點,只探討許衡如何將心性的觀點融入教育的理念之中。教育是要增加知識,還是增進道德的修養?這個問題對一個儒者而言,絕對是可以兼容的。以許衡「格物致知」的思想而言,認知理性與道德理性並存,甚至他強調將道德理性涵攝認知理性,因而建構出屬於自我的倫理道德價值體系,以做為「內聖外王」的基礎。正因如此,許衡的教育思想雖以倫理道德為重,仍不廢認知的輔助,所以他說:「眾物之表裏精粗無不到,這便叫做物格;吾心之全體大用無不明,這叫做知至。」(《魯齋遺書》卷四,〈大學直解〉),「眾物之表裏精粗無不到」是為了「吾心之全體大用無不明」所做的準備。許衡要求學生在學業上努力學習,也就包含了知識的追求和道德的精進,他說:「汲汲焉毋欲速也,循循焉毋敢惰也,非止學問如此,日用事為之間,皆當如此,乃能有成。」(《魯齋

遺書》卷一,〈語錄上〉),就是結合知識與道德教育,並以道德教育爲主的具體要求。

　　基於上述觀點,許衡認爲學習開始就應該在心上做工夫,否則容易被外物所引誘,導致學習過程不專心,或所學龐雜,悖離聖人之道。他的說法是:

> 爲學之初,先要持敬。敬則身心收斂,氣不粗暴。清者愈清,而濁者不得長;美者愈美,而惡者不得行。……得一日省察,不要逐物去了。雖在千萬人中,常知有己,此持敬之大略也。(《魯齋遺書》卷三,〈論明明德〉)

許衡要求學生持「敬」的工夫,就是希望學生「得日日省察,不要逐物去了。」因爲這些都是導致學習失敗的主因。儒家的學習內容,本以倫理道德之事爲內容,道德修養工夫也因之而起,但無論如何,許衡認爲都還是得從心上下工夫才行。

　　學習之初,就從學生的心上要求,其實與儒家的教育宗旨是相符的,許衡認爲:

> 蓋人之良心本無不善,由有生之後氣稟所拘,物欲所蔽,然後私意妄作,始有不善。聖人設教,便養其良心之本善,去其私意之不善。其上者可以入聖,其次可以爲賢,又其次者不失爲善人。(《魯齋全書》卷四,〈論陰陽消長〉)

人的良心,純然至善,可以上侔天理。但爲氣質所限,外物所誘,故而恣意妄爲,倒行逆施,許衡認爲儒家的教育就是培養學生重新發掘良心的存在價值,並以之對抗自身的慾望,回歸純然至善的境界。所謂的聖賢、善人,就是已達到這種境界,而處於不同階段的人。許衡的教育思想,就是他的學術理性轉化而來的,換句話說,許衡的教化志業,即是爲完成其「內聖外王」的理想所做的準備,而許衡的心性觀念則是其「內聖外王」思維的起點。因此,許衡的教化內涵,也可視爲其心性觀念的具體發揮。

第五節　小　結

　　本章中許衡經由「自然觀」的系列討論,逐步發展到「心性論」的相關內涵,並由此確認了「天人合一」的合理性,以及將之做爲倫理道德價值體系的基礎條件。許衡從「理」、「氣」內涵的申論中,將萬事萬物的形上形下

根據，以及存在的條件、循環變化的現象、客觀限制的成因等，做一完整的描述。許衡更以宋儒的思想為起點，將「理」視為第一序的觀念，因此，「理」不僅是絕對的本體，也是倫理道德的價值本源。我們相信，許衡的「自然觀」是以「理」為核心，展開其理論的鋪陳工作，所以「氣」必須與「理」的搭配，才能解釋萬物；人心的作用在以天理為目標，積極地盼望上俟天道；「理一分殊」、「無獨必有對」、「當位居中趨時義」等自然法則，也是期望能掌握天理，因應事物的變局；透過道德理性的自覺，所實踐的道德修養工夫，也是以「理」為最後的依歸。

　　從上述可知，許衡以「理」為第一序的觀念，並不在於說明自然的現象而已，他更希望藉「理」的觀念，為人世間倫理道德的內涵，提供一個理論的基礎。如果我們以「本體」的概念來解釋，「理」應該就是許衡學說中的本體，它是一切觀念與現象的中心，許衡藉此本體闡發人的價值與地位，但其思維的式卻是迂迴的，間接的。這種說法是基於許衡雖以闡發人的地位與價值為目的，卻不正面以人為本體，先在外立一主體，再認可人與此本體具有相同的特質，而且有主動追求與此主體一致的意願。人雖有與此本體相同的特質，但人畢竟不是本體，因為人還另外具備全然相左於本體的特質，人為了追求與本體的一致，甚至必須拋棄相左於本體的部分，而此有捨有得的做法，在這個思想體系下被讚許，倫理道德的內涵，也在此生根萌芽。

　　以「理」為本體的做法，使得倫理道德的規範是外在的，故而道德行為的起源不是內發，而是外鑠的。故學者將此系統稱為「他律的道德」，因為此與先秦孔孟、陸王一系的「自律道德」有別，所以這批學者將程朱一系的理學家，稱做「別子為宗」。平心而論，這種看法不無道理，但以善於繼承程朱的許衡來說，是否也是如此呢？許衡認為「心」有知覺「理」的能力，而自身並非如「理」一般具有本體的意義，「心」外求的現象似乎即為他律的象徵，所以「心」知覺「理」，而才能實行倫理道德之事，故而稱之為「他律的道德」。然而，我們也不能忽略人也具有與本體相同的特質，「心」並非與「理」毫無關聯，純然客觀的全盤接受「理」的內涵，而是透過知覺的方法，藉著天理的掌握，找出自身天賦的明德，當然，所謂的「知覺」是結合認知理性與道德理性兩者，這部分我們會在「格物致知」的部分加以申述的。因此，人經由心的作用掌握天理，找出自身的天賦明德，以之做為道德行為的原則，這樣一來，似乎表面上看到的「他律道德」，也可以轉化成「自律道德」，許衡

的做法略嫌曲折，但其歸結處仍是強調道德的自由意志。

　　然而，許衡以「理」為中心的立論方法也不能無憾。理學家以「理」的觀念為中心，顯然試圖為其倫理道德的價值體系立一重心，「理」既是一絕對的本體，純然至善的天道，所以造成許衡學術思想中「善」的比重，遠遠超過「惡」的份量。許衡認為「惡」的起因乃是「氣」的限制，但「氣」是形下的質料，沒有經過人們意識的認可，如何能接受外物引誘？在這種狀況下，「惡」的概念且與「善」的關係如何衡定？「惡」是界定在觀念還是行為上？人有天賦明覺的道德理性，此乃純然至善之意，「惡」又基於何種意識而生，難道一定得外物的引誘嗎？這些問題，都無法在許衡的論述中找到滿意的解答，原因無他，我們認為就是以「理」為中心的思想體系，常常會發生的理論偏向。此外，有關「人心」、「道心」的說法，也同樣發生理論上的缺憾。許衡以「理」為首出的觀念，所以「道心」的部份受到重視，「人心」則是造成「惡」的觸媒，未為惡前應該接受「道心」的感召，既已為惡，就必須屬行道德修養工夫，回歸「天理」的本源。「人心」發動而為惡的過程，並沒有更進一步的完整說明，彷彿一切理明則事順，毋須了解為何為惡？何種性質的惡？此惡會產生什麼影響？似乎一套道德修養工夫，便足以解決所有的道德問題，這種做法顯然過於簡化，儒學也因而使人認為過於理想主義，面臨實際的道德情境時，儒家的說法似乎只會唱高調而已。

　　有些學者將宋儒的「自然觀」稱作一種「道德的形上學」〔註18〕。宋儒所謂「道德的形上學」的觀點，是以道德為主，形上學為輔，也就是說，形上學的內涵是為道德而設的，形上學的用意在於輔助道德意識的建立而已，獨立於道德之外的形上學說法，就不是「道德的形上學」所適用的內涵。儒家的形上學從周代人文精神的解放之後，走過了許多變化的歷程，譬如兩漢的陰陽五行之說、魏晉的玄學化運動、直到佛道的刺激，所興起的理學風潮，形上學的觀念一直涵舊出新，倫理道德都是儒者的最後堅持，這是我們

〔註18〕牟宗三提出「道德的形上學」這個概念，他說：「道德的形上學重點在形上學，乃是由道德的進路來接近形上學，或形上學之由道德的進路而證成者。」（《心體與性體》（一），台北：台灣學生書局，1990年），目前學者都採此說，用以解釋理學的先驗道德依據，故本文也借用該詞評論許衡的自然觀，但是，與牟氏不同的是，我們認為儒家「道德的形上學」重點在於道德，形上學的部份只不過是為道德尋覓一形上依據，理學家從不在此發揮太多，而是一下子就回到倫理道德之事。

應該特別注意的現象。然而，這是否意味著理學家「道德的形上學」的內涵已擺脫先前學說的影響？答案是否定的。對許衡而言，他雖然為倫理道德之事找出了形上的根據，但是整個形上學的系統難免混雜了陰陽五行、玄學思維，甚至古代宗教意識下的神秘力量。例如許衡解釋政權興衰時，歸納出某些循環變化的結論；解釋「命」的本源、影響和人的福禍問題都可以看出先前學說的影響。當然，我們可以說許衡「道德的形上學」用意，主要的重點在倫理道德，形上學的部分不煩深究，也可以說原始儒家的思想內涵原本與陰陽五行、玄學思維、古代宗教意識下的神秘力量有所契合，許衡只是善於綜羅古今、推陳出新而已。但是，這種看法顯然低估了許衡「自然觀」的重要性，許衡倫理道德的價值體系中，「自然觀」的成分至關重要，如果這個理論的成分不加明辨的話，將導致「心性論」無處著根，連帶著倫理道德的內涵也因而混淆，所以許衡如果借用古代的形上思維，或許更應該明確梳理其間的關係。

最後，我們發現許衡認為個人經由不斷的「自我實現」，將可上應天理，下開「內聖外王」的事業。所謂「自我實現」，是因天所賦予之道德理性而發，以天理為原則，展開一連串以「內聖外王」為目標的道德修養工夫，因為人的道德理性促成其不斷追求上應天道、下應人事，所以「自我實現」也是一種不斷自我砥礪的道德修養工夫。許衡肯定人能主動追求天理，又以此天理為基礎，下應人事，進而展開「內聖外王」的事業，這整個歷程我們用「自我實現」稱之，而這一切完全依賴於個人天賦的道德理性。「自我實現」的過程中，人既能自覺的追求天理，又能自我調適地進行道德修養工夫，更展開「內聖外王」的工夫，因此，「自我實現」所依之道德性，既是球員也是裁判。我們認為，這顯然是理學肯定人的價值和地位後所得的結論，但是如果目標偏失，或者是有心者假借私用，或許後果不堪設想。面對這種情形，是否有一套檢核的標準呢？以程朱為例、「自然觀」的深化本負有限制君權的作用，此後卻轉為君權的擁護力量，此影響至清末而不輟〔註19〕，就是一個明顯的例證。

〔註19〕理學原無擁護統治階級之意，程朱有關「天理」與「道統」諸說，甚至本有限制治權的用意。然此用心，日後卻被政權統治者借為箝制思想、駕馭臣下的工具，這樣的結果，恐怕連程、朱自己都意料不到，相關問題的討論請參見狄百瑞著、施寄錦譯，〈元代新儒家正統思想的興起〉（上）（《思與言》第二十一卷第一期，1983年）。

　　總之，許衡「自然觀」與「心性論」的觀點，是爲了建立其倫理道德的價值體系，他掌握了理學中天人關係的精髓，透過理論的深化工作，爲個人在社會倫理的體系下，提供形上的基礎與內涵。此外，許衡也使儒家「心性論」獲得了充實，由於心的作用，個人地位與價值因而提昇，倫理道德觀念本因人而起，如此一來，許衡的倫理道德價值體系將更形完備。

第四章 許衡倫理道德價值觀的醞釀
——從格致論到知行觀

  《大學》的內容，一向被認爲是闡釋儒家「內聖外王」思想的經典，其中「內聖」工夫的起點，就是「格物」和「致知」兩者，而涉及「內聖」工夫與「外王」事業的整個歷程，則可以視爲知行關係的具體實現。自從唐代韓愈在〈原道〉一文中強調《大學》功夫次第的重要性後，兩宋以來，《大學》便是一本被廣泛討論的經典，其中有關「格物致知」觀點的詮釋不同，知行關係的解釋也隨之有異。此後，「格物致知」與「知行關係」兩者竟然成爲以後整個宋明理學朱王兩派分歧的關鍵之一〔註1〕。然而，從另外一個角度觀察，兩派的不同詮釋卻也同時豐富了「格物致知」和「知行關係」的思想內涵。

  元代的許衡所處的時代剛好介於這兩大學派之間，以其在當時的學術地位而言，他的思想不僅是當代學術的主流，也是儒學傳承的重要橋樑，因此，

〔註 1〕 唐君毅指出者多謂陽明直承象山，殊不知陽明乃由朱子的路線反省檢討，再造新局，此外，象山自謂直承孟子，朱子和陽明卻是都從《大學》、《中庸》的詮釋中出發，更可以證明上述說法的正確性。那麼，陽明對朱子的改造爲何？唐氏認爲，就在於對《大學》、《中庸》的詮釋過程中，涉及「格物致知」與「知行關係」的討論內容，賦予全然不同的詮釋角度。相關論述詳見〈陽明學與朱子學〉（收入《中國哲學思想論叢——宋明篇》，台北：水牛圖書公司，1998 年），陽明是否朱子學說的改造，應該不是問題，但陽明的本質是否較爲接近朱子，而照該書所說的可以改陸王爲朱王，或許另有詳加論述的必要。本文此處不在解決這個學派的劃分問題，而是需要再強調，無論陽明的地位如何，朱子與陽明的分野，都還是《大學》中的「格物致知」與「知行關係」的相關問題，認爲朱王相近的人如此，相信堅持朱王二分的人也不會反對的。

他對「格物致知」與「知行關係」的看法，自然十分重要。許衡曾說：

> 二程以格物致知爲學，朱子亦然，此所以度越諸子。《大學》，孔子
> 之遺書也，其要在此。（《魯齋遺書》卷一，〈語錄上〉）

許氏學術，一以朱子爲宗，故也以朱子所重之《大學》爲主，並信奉朱子著名之《格致補傳》，他說：「因古時簡編壞爛，這一章書如今遂亡失了，朱子補在後面。」（《魯齋遺書》卷四，〈大學直解〉）。由此可見，許衡對「格物致知」的學說十分重視，並認爲是程朱學術之所以能繼承孔學、超越諸子的關鍵處，而給予極高的評價。朱子爲《大學》所寫的《格物補傳》，許衡拳拳服膺，可見其對《大學》所涉及「格物致知」的精義，乃是遵循朱子的詮說，而成爲其著意發展的重要思想內涵了。

我們認爲，若要理解一個思想家的學術內涵，不單單只是集中心力於學術的傳承問題之上，也要同時了解思想家的成學經過、時代環境、仕宦歷練等因素，對其學術思想影響的可能性，唯有如此，思想家的存在價值才得以被掘發，其學術思想的意義才得以獲得多元性的界定。許衡正是如此，如果我們把他放在儒家學術傳承的脈絡之中，他既不如朱子著述之宏富、思想之博大精微，由於所論不在同一立場之上，當然也不能與後起之陽明相較高下。然而，若依朱熹「格物致知」之說的傳統而言，許衡正當元初特殊的時局之下，其爲學過程、時代環境、仕宦表現等，都是他建立屬於個人「格物致知」觀點的重要來源，所以這些外緣的因素，也是了解許衡「格物致知」思想的主要憑藉之一。元代初期是個混亂的年代，許衡身爲一個儒者，卻有其複雜的學習過程，《元史》所謂「凡經傳子史、禮樂、名物、星曆、兵刑、食貨、水利之類，無所不講，而慨然以道爲己任。」（《元史》卷一五八，〈許衡傳〉），就完整的呈現了他的學習歷程。此後，他在元廷中多才多藝的表現，更可印證他廣博學習下的成果，但是他仍選擇程朱理學爲學習的終點，也是終身服膺的最後眞理。總的來說，程朱的理論著重從追求事物的外在形式，累積對天理的掌握，最終回歸倫理道德的範疇，其於「內聖外王」的事業，仍須實用性的知識方可見其功效。譬如宋初教育家胡瑗設「經義」、「治事」二齋，就是把經濟之學也列入教育內容，而他的弟子也在實務工作上，多有表現〔註 2〕。因此，許衡身兼優秀的政論家、教育家、天文學家等多重

〔註 2〕 《宋元學案》提到：「滕宗諒之湖州，（胡瑗）聘爲教授。先生倡明正學，以
　　　　身先之。雖盛署，必公服坐堂之上，嚴師弟子之禮。視諸子如弟子，諸生亦

角色，當對程朱「格物論」和「知行觀」，有一番更為深刻的理解，而且這樣的理解，甚至會直接影響他對程朱學的解讀之上，這是我們應該特別注意的問題。

　　誠如《大學》所揭示的，「格物致知」只是一連串「內聖外王」修養與實踐中的基礎功夫，其後的「誠意」、「正心」、「修身」、「齊家」、「治國」、「平天下」等條目，都涉及「知」與「行」關係的問題。「知行」問題的產生，就意謂著思想家企圖將理論與實踐、知識與應用結合所做的努力。事實上，「知」與「行」兩者，涵蓋層面極廣，單從字面意義來看，可以泛指著一切的知識與行為，但如就一個學派而言，「知」就代表學派追求的理論重心，其後衍生諸如「知」的涵義、「知」的類型、探求的方法等，都隨著這個重心而展開；「行」則是實踐的原則，其他有關實踐的步驟、在不同領域與層面的應用，甚至實踐的終極目標，都在探討的範圍之內。至此，「知行」兩者關係密切，「知」乃為特定的「行」所產生的原則，「行」就是將限定範疇的「知」付諸實踐的過程和結果。對許衡而言，生於雜亂，遭逢異族統治的時局變化，客觀的環境驅使他將生命事業融入學術思想之中，因此，他對知行問題的思考，絕對不只是某種觀念的辯駁而已，反而是對自己生命事業的目標與承諾了。

　　本文即試圖了解許衡如何透過「格致論」（「格物致知」的相對討論）到「知行觀」（「知行關係」的相關觀念）的聯繫，醞釀出倫理道德的價值觀念，並將認知理性與道德理性兩者充分結合，進而掌握天理與心性的修養工夫，以完成儒家從「內聖」到「外王」理想的實踐基礎。

第一節　格物窮理

　　前一章中，許衡已明白揭示「理」做為萬事萬物的形上依據，自然界中的事物都必須遵循天理的原則，人事也不例外，因此，當我們試圖探討「格物致知」的對象與方法時，就不能自外於天理的內涵。本節以「格物窮理」為題，就是希望觀察許衡如何透過人追求天理的思考方式，建立其「格物致

愛敬如父兄。其教人之法，科條纖細具備，立『經義』、『治事』兩齋；經義則選擇其心性疏通、有器局、可任大事者，使之講明《六經》；治事則一人各治一事，又兼攝一事，如治民以安其生，講武以禦其寇，堰水以利田，算曆以明數是也。」（《宋元學案》卷一，〈安定學案〉）

知」中有關知識追求的範疇、方法的問題。我們認為，許衡接受朱熹之說，格物的對象是天理，由於格物的內涵包括認知與道德的知識與實踐，所以「心」在此過程中具有重要的關鍵意義，而「心」在掌握並匯通認知與道德理性的地位，應該特別注意。此外，許衡既然肯定格物的對象是在追求天理，「心」則在認知理性與道德理性的匯通上，扮演著關鍵的角色。接著，我們就可以深入探討許衡如何格物，落實在具體情境上的做法為何？若以認知理性與道德理性二分，其格物方法有何差異？

本節將以「天理的追求」、「心的地位」、「格物的方法」等三個論題，一一解決上述各項問題。

一、天理的追求

理學家相信萬物皆有某種形而上的依據，就是所謂的「理」，而本文前一章已論及「理」的觀念在許衡學術思想中的關鍵意義。此外，古代「天人合一」的觀念也在理學家理氣二分、形上形下兩造的區別中，獲得一個嶄新的詮釋。

事實上，《周易》中「形而上者謂之道，形而下者謂之器。」（《周易·繫辭》）的思想，不僅在為自然的世界提供某種存在的實然現象，也指出了屬於事物背後的應然法則。然而，理學家除了藉「自然觀」的相關討論，了解實然的現象面外，更負有追尋事物形上依據的共同使命感，這種使命感，是建立在維護倫理道德和諧秩序的前提之上，方可成立。程朱等理學家認定「有物必有則，一物須有一理。」（《二程集》，〈河南程氏遺書〉卷十八），所以歸納諸多個別事物的形下事實，從而追求更上層的普遍原理，並以此做為倫理道德的價值根源，這種思維方式，就成為以程朱為首的一派理學家的共通默契。

譬如朱熹所謂：「格，至也。物，猶事也。窮至事物之理，欲其極處無不到也。」（《大學章句》經一章）、「格物只是就一物上窮盡一物之理，致知便只是窮得物理盡後我之知識亦無不盡處，若推此知識而致之也。」（《朱文公文集》卷五十一），朱熹認為事物皆有其理，「格物」就是要找出這個「理」，而且他認為經由某些途徑不斷累積萬物之理後，就能達到某種神奇的效果，所謂的「致知」，即為達到這種效果的境界。朱熹闡釋從「格物」到「致知」的過程與境界之後，便將兩者所共同追求的目標——「理」，放在倫理道德的

價值體系上討論，他說：「理只是這一個，道理則同，其分不同，君臣有君臣之理，父子有父子之理。」（《朱子語類》卷六）、「所居之位不同，則其理之用不一。如為君須仁，為臣須敬，為子須孝，為父須慈，物物各具此理，而物物各異其用，然莫非一理之流行也。」（《朱子語類》卷十八）。朱熹的「格物致知」之說，起初是對自然法則的普遍掌握，推極處卻是在於整個倫理道德價值體系的全體大用。

　　許衡繼承程朱「格物致知」的看法，並提出「格物致知」在追求天理時的基本的前提，以下，我們透過許衡的說法釐清這些前提在「格物致知」思想上的意義。首先，他肯定「格物致知」所追求的目標是「理」，並界定「理」的確切內涵。「理」不僅是外在自然事物的形上原則，更重要的，它也是人內在的道德理性根源。許衡提到：

> 或問窮理至於天下之物，必有所以然之故，與其所當然之則，所謂
> 理也。曰博學、審問、慎思、明辨，此解說個窮字，其所以然與其
> 所當然，此說個理字。所以然者，是本原也；所當然者，是末流也。
> 所以然者，是命也；所當然者，是義也。每一事每一物，須有所以
> 然與所當然。（《魯齋遺書》卷一，〈語錄上〉）

這段話中，許衡將「所以然之故」與「所當然之則」視為所要「窮」之「理」的範圍。「所以然」是涉及實然的部分，也就是特指萬事萬物的形上依據；「所當然」則是應然的成分，是指萬物萬物受天之理，應行當行的法則。許衡將「所以然」與「所當然」分別搭配「本原」、「末流」；「命」、「義」等兩組概念，就是將「理」的範圍，不僅作為萬物萬物的形上依據，也成為人之有道德理性的形上依據，所以「理」的價值，便在於同時是自然現象的背後最高法則，經由天人關係的轉化，也就成為人群社會倫理道德的最後歸宿。

　　其次，「理」難在人之心中，但人未能真知，必須透過某種認知與道德的活動，方可得此真知。許衡說：

> 大哉乾元，萬物資始，是天賦以德性，虛靈不昧，人皆有之，所以
> 物我皆得，求之即與之，所得深淺厚薄分數，在人而其始本同，此
> 說是理一也。（《魯齋遺書》卷二，〈語錄下〉）

「理」的價值，並不只是一孤懸的形上之理，也不是「絕地通天」式的宗教魔咒，一般人無法企及，它是「日用事物之間當行的道路」。但是：

> 人於事物之理有未窮，則己之知識必有不能盡，所以《大學》中始

> 初教人，必使為學的於凡天下的事物，無大無小件件上，莫不因他
> 本心已知識的道理，益加功夫窮究，必要求到那至極的去處。(《魯
> 齋遺書》卷四，〈大學直解〉)

依許衡，人能透過某種認知或道德的實踐掌握「理」，此固然是「天人合一」觀念的具體詮釋，但若就「格物致知」的命題下觀察，人透過格物而對於「理」有所掌握的過程，不單單只是某種知識的獲得，更重要的，還必須經由實踐性的體會，才能得到真正的掌握。所以，「格物」而後能「致知」，其關鍵處就在道德理性必須透過認知性的積累貫通，與夫實踐性的「逆覺體證」〔註3〕，才能真正的掌握。

最後，在儒家倫理價值的意義下，能知而後必能行。許衡稱：「聖人之道，當真知、當踐履，當求之於心，章句訓詁云乎哉！」(《魯齋遺書》卷二，〈語錄下〉)，聖人能真知踐履，落實在「格物致知」上談，就是「大抵百行皆用當其可，得以成事，此聖門所以汲汲要格物致知。」(《魯齋遺書》卷二，〈語錄下〉)。儒家的理想是經由「內聖」而「外王」的擴展，達到齊家治國平天下的理想，所以「格物致知」不只是掌握某種日用當行之理，更重要的是依循此理，加以擴充，從內在的道德修養，推及萬事萬物，展開齊家治國平天下的「外王」事業。

許衡說：

> 人能盡這實理，不但可以成就得自家，別人因我而感發興起，也都
> 盡這個實理。是即所以成物以成己。言之心德純全，私欲淨盡，這
> 便是仁以成物；言之知識高明，周於萬物，這便是知。(《魯齋遺書》
> 卷五，〈中庸直解〉)

循理之「知」能成己成物，可見許衡對「格物致知」的理解，並非只停留在

〔註3〕 「逆覺體證」之說原是牟宗三在分辨宋明儒學流派的一種說法，他認為朱子的格物致知之學乃順取的工夫，也就是從現實存在的事物中追求天理，而以知識決定道德；反觀陸王一系，則是直承孔孟遺緒，應為理學正宗，其關鍵處，就在於其把握了「逆覺體證」的工夫。何謂「逆覺體證」？以「求其放心」為例，從生活中體驗，直求本心，不假外求，更不須知識的輔助，就是所謂「逆覺體證」。(《中國哲學十九講》，台北：台灣學生書局，1989年)，牟氏「逆覺體證」一詞，的確形象化的指出儒家道德修養工夫的意義，但朱子是否真的只以順取工夫解釋道德實踐之事，全無「逆覺體證」之說，恐怕值得再商榷，然依本文的討論，許衡的道德修養工夫，的確不乏「逆覺體證」的意義。

某種求知的方法與知識的獲得，而是在傳統儒家經世思想的主宰下，進而與知行的問題銜接，建立倫理道德價值體系的根源。若從整個倫理關係的網路之下觀察，人與人、人與萬物的關係，都被收納於「理」這個價值體系之中，如果能經由「格物窮理」的手段掌握這個「理」，並付諸實踐，人與天地萬物的關係就在一種平衡與和諧的狀態了。順著這個想法，如果我們把許衡所處的時代環境考慮在內，許衡從格物致知的思想，發展而為知行的學說，以做為倫理價值的基礎，就更有其現實的意義。

　　基於上述三個前提，我們可以了解，許衡透過格物窮理的方法所追求的「理」，它既包括自然的形上法則，也是道德理性的依據，吾人對「理」的追求不單是一種認知性的知識獲得，也必須涵蓋道德的實踐功夫。此外，格物致知所求之「理」，又在儒家崇尚「內聖外王」的觀念下，必須結合「知行」的問題，才能完成儒家倫理價值的體系建構。經由上述思想的梳理後，我們可以發現，許衡的「格物致知」命題，不僅僅是一個認識論的範疇，它在倫理價值和道德理性意識的內涵，甚至更勝前者，故而，我們對「格物致知」的理解，不能只停留在認識論的範疇，應該更加的擴及到道德工夫與倫理價值的實現。由「格物致知」的討論，積極的延伸到「知行」觀的認識，進而完成倫理價值體系的建立，並以為一生志業之寫照，才能真正的掌握許衡學說的精華。

二、心的地位

　　前文既已提到格物致知所欲追求的對象是「理」，人應該如何追求「理」呢？再者，雖然許衡也已明示「理」不僅須以認知的方法追求，也必須透過道德的實踐功夫，但純然透過認知的方法和道德工夫就能夠得到「理」，同時也達到「知」的最高境界嗎？我們認為，如果只是強調某些認知的方法對道德修養的工夫，並無法真正說明對「理」的追求，原因在於，「理」的內容不僅僅是形而上自然的法則，也是一種道德理性的依據；它是知識，也是重在實踐的倫理道德價值體系。那麼，在倫理及認知的方法和道德實踐的功夫之前，人之所以能追求「理」的動力是什麼？連接人類感官知識與道德理性的中介點為何？如何能透過某些道德理性的感悟，結合知識的累積，就可以做出是非善惡的道德判斷呢？我們認為，許衡透過有關「心」觀念的闡釋，完整地說明了這些問題的答案。

依許衡的說法，「心」有知覺「理」的能力，因為「心形雖小，中間蘊藏天地萬物之理，所謂性也，所謂明德也，虛靈明覺神妙不測，與天地一般。」（《魯齋遺書》卷三，〈小學大義〉），如果善於發揮這種能力，就能贊天地之化育，所以「故曰立天下之大本，於天地之化育，陰陽屈伸，形色變化，皆默契於心，渾融而無間，故曰知天地之化育。」（《魯齋遺書》卷五，〈中庸直解〉）。心不是理，卻有知覺理的能力，這種知覺的能力就是「思」，許衡說：

> 慎思視之所見，聽之所聞，一切要個思字，君子有九思，思曰睿是也。要思無邪。目望山便謂之青可乎？惟知故能思。……不知所思慮者，何事果求所當知，雖千思萬慮可也。……人心之虛靈無槁木死灰不思之理，要當精於可思慮處。（《魯齋遺書》卷一，〈語錄上〉）

所謂「目望山便謂之青可乎？」就是從事物的形下表現中，進而尋求事物的形上原理，這是與格物致知在追求形上之「理」的立場相同。此外，所謂「要當精於可思慮處」者，其中所指的「可思慮處」何為？這就涉及「理」的倫理道德意義了。

人透過心的反思能力，從事物的現象中歸納出普遍的原理，知覺「理」的所在和意義，但「思」的能力並非漫然無所歸趨，而是指向倫理道德的價值體系之中。許衡特別強調「思」在匯集感官知識與道德理性方面的關鍵意義，如此一來，就能回答人之所以能追求「理」的動力，並連接人類感官知識與道德理性的緣由。然而，人該如何透過某些道德理性的感悟，結合知識的累積，做出是非善惡的道德判斷呢？

許衡說：「《大學》中始初教人，必使為學的，于凡天下的事物，無大無小件件上，莫不因他本心已知識的道理，益加功夫窮究，必要求到那至極的去處。」（《魯齋遺書》卷四，〈大學直解〉），故心在窮究「理」的過程中，並非空無一物，而是有「已知識的道理」，合著窮究的功夫，才能求到那「至極的去處」。「本心已知識的道理」應該是許衡所謂「聖人是因人心固有良知良能扶接將去，他人心本有如此意思，愛親敬兄，藹然四端，隨感而見。」（《魯齋遺書》卷一，〈語錄上〉）、「雖至愚的夫婦，他也有個自然之良知，不待學而知者。」（《魯齋遺書》卷五，〈中庸直解〉），這就是倫理道德的意義上，把良知與本心之「已知識的道理」合論，藉以強調心在格物窮理過程中的重要性。既然如此，外在的知識與內在本心的良知良能，在格物窮理過程中內外

相摩，相得益彰，「格物致知」的認知意義將服從於倫理道德意義之下，而所謂的「全體大用」就必須在倫理道德的意義上被討論、被澄清。

事實上，「心」所能知覺的「理」，因為是自然的法則，故就其普遍意義而言，並沒有價值的義涵，但人以「心」知覺「理」，而且用來建構倫理道德的價值體系，「理」就不再是中性的自然法則，而是人類倫理秩序下的價值判斷標準了。換句話說，許衡同時以客觀角度，說明「理」做為事物之形上原則的中性特質，又以主觀之眼期待道德理性的實現，並堅信由內而外、推己及人，甚至做到成己成物的境界。他一方面認為「理」是一種客觀的自然法則，我們應該以認知理性為基礎，將所知所感做合理的歸納；另一方面，他又以主觀的看法，使道德理性發揮在尋繹客觀事理的道德義涵，並要求其在倫理秩序下加以實證，從而認可以存在的意義。

許衡論「成己成物」時說：

> 人能盡這實理，不但可以成就得自家，別人因我而感發興起，也都盡得這個實理。是即所以成物以成己。言之心德純全。私欲淨盡，這就是仁以成物；言之知識高明，周於萬物，這便是知。（《魯齋遺書》卷五，〈中庸直解〉）

無論是「仁以成物」，或是「知」，在「人能盡理」的前提下，就已經擺脫單純集中於認知的探討，而是在倫理的意義下討論致「知」的問題了。人又如何能盡理？人憑什麼從主觀立場下，完成「成己成物」的理想？這就有賴「心」的自我實現功夫了。

許衡說：「人與天地同，是甚底同？人不過有六尺之軀，其大處同處指心也，謂心與天地一般。」（《魯齋遺書》卷二，〈語錄下〉），心不是理，卻是由氣所組成，故常因氣質的拘限，接受外在的誘惑而為惡，所以他說：「天地間當大著心，不可拘於氣質，局於一己。」（《魯齋遺書》卷二，〈語錄下〉），從「不拘於氣質，局於一己」這兩句話中可看出，許衡強調心能發揮與「理」一般的道德理性作用。一旦心能發揮此功能，也就可以做到：

> 凡一事之來，一言之發，必求其所以然與其所當然，不牽於愛，不蔽於憎，不偏於喜，不激於怒，慮心端意熟思而審處之，雖有不中者蓋鮮矣。（《魯齋遺書》卷七，〈時務五事〉）

如果人在一言一行上不受情緒的左右，慎思所以然與所當然處，自然合理中節，無所偏執了。在這種狀態下，就如同許衡所說的「心也、性也、天也，

一理也，如何？先生曰：便是一以貫之。」（《魯齋遺書》卷一，〈語錄上〉），
「心」透過道德理性的體會，切實做好踐履的功夫，就能與「性」、「天」爲
一了。眾所皆知，儒家把在道德理性的體會和實踐達到至高無上的境界的人，
稱爲「聖人」，許衡就將「聖人」的這種境界以「聖人之心固天地之心也。」
（《魯齋遺書》卷八，〈論語所否者〉）詮解，可見他將「心」從形而下氣的成
分，提昇成爲人與天合一的虛靈明覺能力。

前一章中，我們曾經以「心的作用」爲題，試圖將許衡的「自然觀」與
「心性論」做一適度的結合。結果我們發現，「心」能知覺「理」，再透過某
種修養工夫之後，就能與天爲一，進而可以贊天地之化育。我們也在此過程
中發現，許衡致力於倡導這樣的思想，是基於肯定人的價值、共同尋求和諧
秩序與不斷自我實現三個前提，使得傳統的「天人合一」思想更加灌注了精
彩豐富的內涵。本節中，我們以「心的地位」爲題，企圖爲「格物致知」這
個命題提供一個新的詮釋，然而，此處將不再只是從天人關係中，找出人何
以能上通天理的虛靈明覺能力而已，許衡的「心」還必須充分解釋認知理性
和道德理性如何匯通，如何在倫理道德價值體系下，發揮其功能。如果說心
的作用是藉著知覺理，而且復之以修養工夫，獲得與天爲一的認同感，聯繫
著許衡的「自然觀」和「心性論」，心的地位就是將認知理性與道德理性結合
之後，再投入某些道德修養工夫，作爲格物致知的目標，也作爲倫理道德的
實踐基礎。簡而言之，一個是由下而上，從心性及於天道；一個是由上而下，
藉著已掌握的天理，作爲倫理道德實踐的依據。

三、格物的方法

二程曾說：「天下物皆可以理照，有物必有則，一物須有一理。」（《二程
集》，〈河南程氏遺書〉卷十八）、「求之性情固切於身，然一草一木皆有理，
須是察。」（《二程集》，〈河南程氏遺書〉卷十八），這裏所指的「理」，似乎
只是自然現象的形上原理而已，但朱熹將之提到很高的地位，甚至做爲聖人
傳承的心法。

朱熹曾明言：

> 古者聖帝明主之學，必將格物致知以極夫事物之變，使事物之過乎
> 前者，義理所存，纖維畢照，瞭然乎心目之間，不容毫髮之隱，則
> 自然意誠心正。……蓋「格物致知」者，堯舜所謂「精一」也。「正

　　心誠意」者。堯所謂「執中」也。自古聖人口授心傳而見乎行事惟

　　此而已。(《朱文公文集》卷十一,〈壬午封事〉)

上文中,朱熹將「理」的意義擴大且集中深化,另外,更加上了實踐的要求。然而,「格物致知」本身又與掌握這個「理」的過程有何關係呢?

　　朱熹認為:「聖人只說格物二字,便是要人就事物上理會。且自一念之微,以至事事物物,若靜若動,凡居處飲食言語,無不是事。」(《朱子語錄》卷十五),「格物」就從日常生活上理會,因為「理」就在日常生活中呈現,並非孤懸的空理,因此朱熹的「格物」就是要從日常生活中掌握「天理」。朱熹又稱:「夫格物者,窮理之謂也。」(《朱文公文集》卷十三),「格物」似乎即為「窮理」,那麼為什麼不直接講「窮理」,而是說「格物」呢?朱熹的解釋是:「格物,不說窮理,卻言格物,蓋言理則無可捉摸,物有時而離,言物則理自在,自是離不得。」(《朱子語類》卷十五)、「大學所以說格物,卻不說窮理,蓋說窮理則似懸空無捉摸處,只說格物,則只就那形而下之器上便尋那形而上之道,便見得這個元不相離。」(《朱子語類》卷六十二)。切切實實的從明顯的事物上用功夫,「格物」的意義就是在強調從具體事物上獲得「理」的內涵。

　　儒家為什麼要「格物」呢?朱熹認為「格物窮理」是《大學》中「內聖外王」功夫的起點,也是其後功夫的必要基礎條件,所以:

　　理有未窮,故其知有不盡,知有不盡,則其心之所發不能純於義理

　　而無雜乎物欲之私,此其所以意有不誠,心有不正,身有不修,而

　　天下國家不可得而治也。(《大學或問》卷二)

「格物」之後便能「致知」,「致知」為誠意、正心、修身、齊家的基礎,推而廣之,就成為欲實現治國平天下終極目標的起點了。

　　以上概述了程朱有關「格物致知」的看法。接下來,許衡自稱承續程朱之學,涉及「格物」的方法和目標上,是否也是採取相同的策略呢?首先,他認同朱熹「即物窮理」的看法,必須藉著一一窮究事物,掌握其形上之理;其次,他主張從多方面的事實資料中,掌握「理」的意義;最後,他強調「格物」的重點,是在於不拘泥形而下的具體存在,而能在掌握形而上之理後,進而以此統攝變化萬端的形下事物,他相信對人類社會而言,這就是「成己成物」的理想境界。以下,我們嘗試從這三點闡述許衡有關「格物」方法的思想內涵。

許衡有關「格物」的方法，基本上是依循朱熹「即物窮理」的思想而來的。何謂「即物窮理」？朱熹作《格致補傳》曾云：

> 所謂致知在格物者，言欲致吾之知，在即物而窮其理也。蓋人心之靈莫不有知，而天下之物莫不有理，惟於理有未窮，故其知有不盡也。是以《大學》始教，必使學者即凡天下之物，莫不因其已知之理而益窮之，以求至乎其極。至於用力之久，而一旦豁然貫通焉，則眾物之表裏精粗無不到，而吾心之全體大用無不明矣。此謂物格，此謂知之至也。

朱熹認為，每一事物都有其形上的原理，學者須從一一事物之中窮究其形上原理，經由不斷的積累功夫，學者的知識便在質與量兩方面都有增長，這就是所謂的「格物」。許衡也有類似的看法，他說：

> 格字做至字，物是事物。若要推極本心之知識，又在窮究天下事物之理，直到那極處，不可有一些不到。（《魯齋遺書》卷四，〈大學直解〉）

但如何「窮究天下事物之理」呢？許衡的看法是：「聖人教人今日學一件，把那一件道理究到是處，明日再去為一件，又恁的窮究……這幾般一件件分揀的是呵，便是格物。」（《魯齋遺書》卷三，〈小學大義〉），許衡認為聖人教人，就是從廣泛的事物學習中，一一掌握其形上之理，如果能掌握各種事物的形上之理，便是所謂的「格物」。

但是，許衡雖然肯定「格物」就是掌握一一事物的形上之理，卻沒有明確說明該從哪些事物著手，透過何種方式掌握事物形上之理，並加以遷移到實際的生活應用中？這個部分，朱熹曾說：

> 若其用力之方，則或考之事為之著，或察之念慮之微，或求之文字之中，或索之講論之際，使於身心，性情之德、人倫日用之間，以至天地鬼神之變、鳥獸草木之宜，自其一物之中，莫不有以見其所當然而不容己與其所以然而不可易者。（《大學或問》）

他相信學者應從事物的廣泛學習中，掌握事物的「所以然」與「所當然」，而透過「所以然」到「所當然」的轉化，便能「使於身心，性情之德、人倫日用之間，以至天地鬼神之變、鳥獸草木之宜」了。

許衡的解釋沒有如朱熹般明確，但他更為集中地指出日常事物與形上形下兩者的掌握方式，他說：

> 事物必有理，未有無理之物，兩件不可離，無物則理何所寓？讀史
> 傳事實文字皆以往粗跡，但其中亦有理在，聖人觀轉蓬便知造車，
> 或觀擔夫爭道而得運筆意，亦此類也。但不可泥於跡而不知變化，
> 雖淺迅事物，亦必有形而上者，但學者能得聖神功用之妙，以觀萬
> 事萬物之理可也，則形而下者，事爲之間，皆粗跡而不可廢。(《魯
> 齋遺書》卷一，〈語錄上〉)

這段話強調生活中的各種事物，都是可以格物的目標，但人們應該注意事物的形上之理，作爲學習掌握並遷移應用的關鍵。此外，他也明白揭示形上之理的掌握，不能不從形下現象的觀察做起，但重要的是不可執著於形下的事物而不知變化，否則將永遠無法獲得形上之理，更遑論將此遷移應用於生活之中了。

　　許衡在前章有關「自然觀」到「心性論」的論述中，一再強調「心」透過某種修養的工夫，可與天默契爲一，從而達到「天人合一」的境界。若問合一之因，則源自於天人之間共同追求的一種和諧的秩序，而天與人默契爲一的因緣也在此。許衡將此「天人合一」的狀況，從人主觀之眼立論，就是「立天下之大本，於天地之化育，陰陽屈伸，形色變化，皆默契於心，渾融而無間，故曰知天地之化育。」(《魯齋遺書》卷五，〈中庸直解〉)。然而，思想家將天人共同追求的和諧秩序，轉化成倫理道德的價值意義後，也把人經格物所獲得的實理，付之實行，在整個倫理秩序中就會發揮其影響力，對倫理道德價值體系的建立，自然有其正面的意義。當達到「天人合一」的地步，許衡認爲人們應該進一步進行「成己成物」的工作，人能做到「成己成物」，是因爲掌握天理並付諸實踐後的堅持。人無所逃於天地之間，故而人與人、人與物、人與天的關係密切，人不斷的接受其他事物的影響，也影響著其他事物，所以許衡希望將理想國的實現，建立在努力掌握天理並付諸實踐者的影響力上。如果這種想法成立，我們認爲「成己成物」的價值，應該落在整個倫理價值網絡中，加以衡定，才能彰顯其對倫理道德價值體系的意義。

第二節　格物與致知

　　上一節中，我們概略處理了「格物致知」的一些基本問題，諸如格物致知的對象、方法，以及「心」在匯通認知理性與道德理性上的地位。接下來，我們就得處理「格物」與「致知」的關係，事實上，儒家將「格物」與「致

知」並舉，又明言所謂「物格而後知至」，便道出兩者的密切關係，以及前後的順序。然而，儒家的學術核心是立基於倫理道德的價值體系之上，所以「格物」與「致知」不能僅以純知識的領域爲滿足，更應該在倫理道德上有所發揮，才是儒家最關切的問題。許衡以程朱爲宗，「格物致知」的思想也多有繼承，此外，程朱「格物窮理」乃至「明體達用」之學，更是身處元初亂世的許衡感同身受的。

　　本節主要探討「格物」與「致知」兩者的關係，討論的方式，是以《大學》「物格而後知至」的觀念爲切入點，藉以掌握兩者的實質關係，此外，更進一步深究許衡對「知」的涵義的界定。此乃由於格物的對象與方法決定「知」的內涵，許衡對「格物」與「致知」關係的看法，也會直接影響「知」的意義與應用。尤其甚者，許衡將「知」解讀爲「本心知識」，此「本心知識」的發用，將是銜接知行思想的樞紐，其重要性更不待言，故本節以「物格而後知至」、「知的涵義」、「本心知識的發用」等三個論題，一一闡述「格物」與「致知」的關係。

一、物格而後知至

　　《大學》明言「物格而後知至」，許衡的解釋是：「人於天下事物之理既能窮究到極處，然後本心的知識無一些不盡矣。」(《魯齋遺書》卷四，〈大學直解〉)。事物之理如何窮究，上一節已有論述，但所謂「本心的知識無一些不盡矣」爲何，就需要加以辨明了。許衡訓「致知」爲「致是推極的意思，知是知識。」(《魯齋遺書》卷四，〈大學直解〉)，那麼，「知至」與「致知」的義涵是否相同呢？若從語意上看，「致知」似乎應該強調的是窮究並推極的一切過程，繼而達到知識的獲取；「知至」則似乎重在其經歷某種過程後，所達到的境界。顯然，許衡並沒有將此兩者做一區分，我們認爲原因就在於他是將「格物」與「致知」合論，窮究與推極事物之理的過程，歸之於「格物」；經由上述過程，所達成的境界，則是「致知」。

　　許衡將「格物」與「致知」兩者合論，並認爲應該加強兩者的因果關係，以作爲日後「內聖外王」工夫的基礎，這是順著《大學》的文本，所採取的詮釋進路。儘管如此，經典詮釋雖然本在於忠實呈現經典的原貌，中國思想家更著意於藉經典詮釋之際，建立自己的思想體系，這種現象比比皆是，自不待言，即使說《大學》的詮釋傳統而言，朱熹與王陽明的做法，就是很好

的例證〔註4〕。許衡也不能例外，所以我們試圖了解「格物」與「致知」兩者的義涵時，自然不能忽略他們在許衡思想脈絡上的意義。

前述有關「格物」與「致知」的解釋，留給我們許多的疑問，諸如爲何「知」訓爲「知識」？「格物而後知至」的「知至」，許衡解釋爲「本心的知識無一些不盡」，「知識」爲何又是「本心的知識」？「本心的知識無一些不盡」指的是何種境界？這些問題是隨著許衡對「知」的訓練而來，卻又與「格物」息息相關，所以我們應該先從「格物」與「致知」的關係開始討論，並進一步探討《大學》爲什麼說「物格而後知至」，才能分析出兩者是在什麼意義下產生如此密切的聯繫。

許衡有關「格物致知」的說法是：「眾物之表裏精粗無不到，這便叫做格物；吾心之全體大用無不明，這叫做致知。」（《魯齋遺書》卷四，〈大學直解〉）。「物格而後知至」的解釋則是：「若要推極本心之知識，又在窮究天下事物之理，直到那至極處，不可有一些不到，所以說致知在格物。」（《魯齋遺書》卷四，〈大學直解〉）。前文已討論許衡對「致知」和「知至」的解釋並無不同，但此處卻見許衡將「致知」看做「吾心之全體大用無不明」；「知至」卻是「推極本心之知識」。難道此處是許衡對這兩個詞另有新解嗎？其實不然，我們可以從兩個句子的關鍵詞談起。就語意上說，許衡認爲「吾心之全體大用」是我們要去掌握的目標，「本心之知識」則是我們應該去「推極」的對象，前者具有逆覺體證的意思，後者則有知識融會貫通的涵義，因爲同是「心」的發用，所以他們指的是同一個歷程。然而，爲什麼我們說他們在心的發用下是同一個歷程呢？許衡「格物致知」的過程是結合認知理性與道德理性兩者，更重要的是以道德理性爲主，將認知理性收納於道德理性之中，以作爲日後實踐於倫理道德價值體系的準備。因此，無論逆覺體證的工夫，或是知識的融會貫通，推到至極，都在倫理道德的意義上成立，故而許衡「致知」與「知

〔註4〕 朱子對「格物」與「致知」的看法，可從其《格致補傳》中看出，大致上朱子認爲「格物」是在窮究萬物理，「致知」則是指窮究萬物之理後狀態。陽明則從古本《大學》，認爲毋須該改《大學》的篇章順序，更不須強加所謂的《格致補傳》，在詮釋《大學》文本的過程中，他將「格物」解爲「正物」，「致知」的「知」就是所謂的「良知」，朱熹與陽明對《大學》的詮釋有所差異，與其說《大學》的文本曖昧不明，不如解釋爲朱王兩者各有一番見解，借《大學》的詮釋加以發揮罷了，但從另一個觀點來說，他們的詮釋的確也同時深化了《大學》的內涵。（相關論述詳見唐君毅，《中國哲學原論——導論篇》，台北：台灣學生書局，1986年）

至」兩詞的解釋是在一個範疇下所做的不同角度詮釋，本質上並無差異。

接下來，我們就要討論爲什麼「格物」能「致知」，「物格」而後能「知至」？首先，許衡把「格物」解釋爲「眾物之表裏精粗無不到」、「窮究天下事物之理」，其實就是「即物窮理」的意義，這個部分，前文已論及。但「格物」爲何能「致知」呢？許衡說：

> 人於事物之理有未窮，則己之知識必有不能盡，所以《大學》中始初教人，必使爲學的於凡天下的事物，無大無小件件上，莫不因他本心已知識的道理，益加功夫窮究，必要求到那至極的去處。（《魯齋遺書》卷四，〈大學直解〉）

我們認爲，「人於事物之理有未窮，則己之知識必有不能盡」是指認知理性下所獲得的知識，這部分的知識是靠長久的積累貫通而能「盡」，但是「本心已知識的道理，益加功夫窮究」，就是指在道德理性的驅使下，將認知的知識，透過某種修養的工夫及踐履，才能「求到那至極的去處」。如此一來，「格物」成爲「致知」的必要條件，如果沒有「物格」、「知至」也無由成立，兩者密切的關係建立在互爲因果，又相互影響的前提上。

許衡曾說：

> 盡其心者，知其性也，知其性則知天矣。在《大學》所謂物格知至也，是知到十分善處也，存其心、養其性，所以事天也。在《大學》所謂意誠心正是也。行到十分善處也，存謂操而不舍，養謂順而不害，事謂奉承而不違也，常存養其德性，而發爲惻隱、羞惡、是非、辭讓之情，不使少有私意變遷，夫如是乃所以事天也，或夭或壽，一聽天之所爲，不敢有二心，此則盡心知性之功，至修身以俟之，則事天以終身，此之謂立命也。（《魯齋遺書》卷二，〈語錄下〉）

文中所謂「盡心」、「知性」、「知天」、「事天」、「立命」是理學家藉由人性論的反省，再結合「天人合一」的傳統思想，並將天理的意識作爲倫理道德價值體系的根源，所建構出的一套思維體系。人以之作爲個人道德修養與維繫倫理秩序的憑藉，《大學》的修養次第及工夫，也是在這個思維體系被詮釋、發揚的。因此，許衡的「格物致知」雖然有諸如「即物窮理」的說法，但他最終極的目標，絕非在認知理價值之上，而是爲建立一套倫理道德的價值體系努力的。

二、「知」的涵義

　　許衡講「格物致知」，做為「內聖外王」工夫的基礎，可見其重視程度非同一般。但他將「知」訓解為「知識」，又以「本心的知識」稱之，令我們對許衡所指的「知」，產生疑問。雖然許衡解釋「知」為「知識」，但顯然並不僅是指一般的知識，因為他所謂「本心的知識」，可能超越認知理性的運作，且與道德理性做某種程度的結合，如此一來，若能進一步落實在日常生活的踐履上，就完成了儒家「內聖外王」的理想。因此，我們對許衡有關「知」的涵義必有所了解，才能掌握其「格物致知」的意義。

　　我們認為許衡「格物致知」的內涵，是將認知理性與道德理性相互結合的結果，按照這樣的思考邏輯，仍有許多問題亟待澄清，諸如，「格物」的過程中，人如何透過認知理性與道德理性的結合，才能達到「致知」的境界？應該怎麼檢證是否達到「致知」的境界？這樣的境界意義下，許衡的「知」，又是何種涵義呢？我們認為，如欲了解「格物」與「致知」的相關性及其意義，就必須從動態的運作過程中探討，不能只停留在字詞意義的解釋，探討「知」的涵義也必須從「格物」到「致知」的脈絡中立論。原因無他，儒者談格物致知，一直到治國平天下等「內聖外王」的工夫，都是以動態的行為敘述中呈現，字詞意義的表達，常只有輔助意義，儒者通常不會被以往的字義所拘，從而限制自己理論的鋪陳，這種現象，我們也可以從朱王對《大學》的詮釋方法，得到印證。因此，「知」的涵義也不能單獨存在，必須在「格物致知」的過程中發揮其功效。

　　如果我們用宋儒「見聞之知」與「德性之知」二分的說法來考察〔註5〕，無疑地，上節所稱「心」的虛靈明覺，並知覺踐履「理」的部份，應該是屬於「德性之知」。許衡對「見聞之知」的態度為何呢？事實上，他並不將透過感官經驗獲得的知識獨立起來談，而是立刻與道德意識合論，所以他說：

　　　　耳目聞見與心之所發各以類應，如有種焉。今日之所出者，即前日
　　　　之所入也，同聲相應，同氣相求，未嘗少差，不可不慎也。(《魯齋

〔註5〕「見聞之知」與「德性之知」的說法，最先見於張載「世人之心，止於聞見
　　　　之狹，聖人盡性，不以見聞梏其心……見聞之知，乃物交而知，非德性所知。
　　　　德性所知，不萌於見聞。」(《正蒙・大心》)，張載的說法，似將「見聞之知」
　　　　與「德性之知」二分，重後者而輕前者，本文借用張載這種說法，卻無孰輕
　　　　孰重的預設前提，許衡承程朱格物之學，或許正在試圖結合兩者的內涵，故
　　　　藉此說闡述，實已脫張載原旨，而是以一組概念範疇的形式論述之。

遺書》卷一，〈語錄上〉）

此外，我們應該特別注意的是，宋儒「見聞之知」與「德性之知」的區分，其實是對知識的一種分類，許衡將感官知識與道德意識合論，則是強調以感官知識爲基礎，再以道德意識做深入思考的一種求知方式。許衡經由這種過程所獲得的知識，就不只是一種感官經驗所獲得的知識，而是在道德理性的前提下，將感官知識加以轉化而成爲一種道德意識，並在倫理道德的價值體系中付諸實踐。

許衡說：

> 聖人教人今日學一件，把那一件道理究到是處，明日再去爲一件，又怎的窮究……這幾般一件件分揀的是呵，便是格物。這般窮究了多咱心裏都理會得久，而聞天下事好的歹的，合做的不合做的，都省得了心上明白，無些昏蔽，便是致知。（《魯齋遺書》卷三，〈小學大義〉）

這裡的「這幾般一件件分揀的是呵，便是格物。」就是認知理性成果的展現；「這般窮究了事咱們心理都理會得久，無些昏蔽，便是致知。」則爲結合認知理性與道德理性後所產生的道德意識。在許衡的觀念中，從「格物」到「致知」，就是一個以認知理性爲始，進而結合以道德理性形成道德意識的全面過程。

許衡也將對「格物致知」的認識，實際用在知識的探求上，他說：

> 看史書當先看其人之大節，然後看其細行，善則效之，惡則以爲戒焉，所以爲吾躬行之益，徒記其事，而誦其書，非所謂學也。（《魯齋遺書》卷一，〈語錄上〉）

許衡認爲史書學習的重點，並不在知道史書中有哪些人，發生了什麼歷史事件，最重要的是「善則效之，惡則以爲戒焉，所以爲吾躬行之益。」將史事的教訓，用作日常言行的參考。換句話說，也就是以認知史事爲基礎，經過道德理性的檢核，做爲倫理道德實踐的準備。藉著這樣的認識，許衡道出一般人在接受古史的教訓時，常常犯的錯誤爲：

> 夫人患不傳古，而傳古者，或滯於形跡而不可用於時；人患不如今，而知今者，或徇於苟簡，而有害乎道。二者雖有皆未也，惟學古適用，隨時中理，其庶幾乎。（《魯齋遺書》卷八，〈留別譚彥清〉）

許衡認爲無論傳古或是知今，都應該以「道」爲標準，如果只停留在記誦的

努力上，那就是「滯於形跡」或「徇於苟簡」，這種做法，甚至有違道的可能。許衡認為「學古適用，隨時中理」才是善於學習史事經驗的做法，而「適用」與「中理」，即是在道德理性的權衡之下，做出合宜的言行。

經由上述的討論，我們可以肯定「格物致知」是認知理性與道德理性匯通的過程，所謂的「致知」，是落在倫理道德的價值體系上加以肯定的內涵。既然如此，如果我們先前提到理學中心理念是對「天理」的掌握，再轉向倫理道德價值的確立無誤，那麼，許衡這種以道德理性結合認知理性的做法，是如何透過對「知」涵義的界定，完成天理與人類倫理道德價值的轉化呢？我們認為，若想解答這個問題，就必須了解從天理到人性，進而建立倫理道德價值體系的轉化中，「格物致知」的過程所扮演的角色與意義而定。

宋儒談「理一分殊」，就是描述「理」與萬事萬物的涵攝關係，人類社會所談的倫理道德，也應涵攝在「理」的範疇之中，因此，「理」應該是某種中性的形上規律，落在人類社會中，才有倫理道德的涵義，善惡的判斷也因之而生。否則，「理」同樣也是其他事物的形上原理，如果「理」原有善惡的分別，豈不是萬事萬物都必須有倫理道德的規範？這種以人事的角度企圖規範萬事萬物的現象，顯然是過度推論的結果。許衡是一個知識豐富的學者，當然不至於形成這樣的看法，所以他說：「雖生知的聖人也有不知之處」、「若論到那全體至極處，不止聖人不知不能，雖天地也有不能盡處」，就是指兼攝萬事萬物的形上之「理」，聖人只能從倫理道德的立場有所取捨，卻不能盡知萬事萬物在理上的意義。

許衡曾說：「人若到那豁然貫通處，則於萬物的道理顯微精粗無一些不曉到，此心所具的全體大用無一些不明了。」（《魯齋遺書》卷四，〈大學直解〉），雖然許氏將這個「全體大用」境界提升至某種難以企求的層次，但「全體大用」的意義，卻絕對必須落實在倫理道德的範疇下談才行。這個部分的思想脈絡較為曲折，因為其主要的癥結是在於「格物致知」所追求的「理」，原本就具有倫理道德的義涵，還是經由某種轉化後，才具有倫理道德的涵義？前文已明言，「理」作為自然的法則，是萬事萬物的形上規律，就普遍的意義上說，「理」不過是中性的形上自然法則。如此一來，我們就要試著考察許衡如何將「理」轉化成某種倫理道德的價值。

許衡先肯定「這是日常事物當行之理，皆性之德，而具於心。」（《魯齋遺書》卷五，〈中庸直解〉），人能在心上做修養的工夫，就能合於道，與天為

一，但最終還是得在日常生活中落實，在倫理道德的價值體系下發揮作用，所以「人能盡這實理，不但可以成就得自家，別人因我而感發興起，也都盡得這個實理，是即所以成物以成己。」(《魯齋遺書》卷五，〈中庸直解〉)。許衡強調「成己成物」就是將天理落實於倫理秩序中的結果，「格物致知」的功能，就是結合認知理性與道德理性，將天理做某種程度的轉化，使其在倫理道德價值體系中發揮效果。「格物致知」的過程，也就是從天理到人性，進而轉化成為倫理道德價值的總過程。

總之，許衡所謂的「知」應該包含自然的知識，也包含倫理道德的理論與實踐，但許衡更執意於將前者做為基礎，融入倫理道德價值體系的思考之中。也就是說，許衡有關「知」的涵義，即使蘊含某種自然知識的內涵，也是匯歸於倫理道德價值體的終極關懷之中。

三、本心知識的發用

許衡解釋「致知」時，提到諸如「吾心之全體大用」、「本心的知識」的句子。此兩句都談到「心」，可見其對「心」在格物致知過程所產生的作用，相當重視，但是上一節已對「心的地位」有所論述，故此處不再贅述。然而，所謂「本心的知識」與「全體大用」並未辯明，故應詳加申述。許衡所強調的「本心的知識」，似乎與「全體大用」的境界有所關聯，尤其這兩個句子是在闡述「格物」與「致知」的密切關係，以及說明透過某種修養工夫所達到的境界時常見的用語，所以我們就嘗試從此處開始探討許衡「格物致知」所希望企及的境界。

許衡說：「若要推極本心之知識，又在窮究天下事物之理，直到那至極處，不可有一些不到，所以說致知在格物。」(《魯齋遺書》卷四，〈大學直解〉)，這段文字的意思似乎是先得「窮究天下事物之理」，才能「推極本心之知識」，接著一直反覆推極的工作，到達無所不盡的地步，如此便完成了格物致知的過程，什麼是「本心的知識」呢？依許衡之意，「本心的知識」不在所窮之理的範圍內，推極的方法似乎也與「即物窮理」不同。這種知識既不是外在的知識，也不能用認知的手段掌握，因此，許衡就將之規定為道德理性，也就是心存實理的良知理性，許衡說這種良知理性乃人皆有之，所以他所謂「推極本心之知識」，是一個自然而然，不須強求的過程。即是：

聖人是因人心固有良知良能扶接將去，他人心本有如此意思，愛親

> 敬兄，藹然四端，隨感而見，聖人只是與達推擴，就他原有的本領
> 上進將去，不是將人心上原無的強去安排與他，後世卻將良知良能
> 是斷喪了，卻將人性上原無的強有安排裁接。(《魯齋遺書》卷一，
> 〈語錄上〉)

人本有良知良能，是「心」能與「性」、「天」一以貫之的原因，若就格物
致知的理念上說，本心的知識為良知良能，故其本具有道德理性，如將認
知理性所得知識加以匯通，益加工夫窮究，就是格物致知所欲達到的理想境
界了。

　　何謂「全體大用」？許衡稱：「人到那豁然貫通處，則於萬物的道理顯微
精粗無一些不曉到，此心所具的全體大用無一些不明了。」(《魯齋遺書》卷
四，〈大學直解〉)，這段話似乎只是說明到達某種境界之後的狀態，但還沒有
將「全體大用」的做法交代清楚，而且甚至連「豁然貫通」何指，也沒有明
確說明。我們找到另一個資料是：「學者窮究事物的道理，今日窮究一件，明
日窮究一件，用工到那累積多時，有一日間忽然心裏自開通透。」(《魯齋遺
書》卷四，〈大學直解〉)，這裡的「開悟通透」與前者的「豁然貫通」應該是
相同的意思。承接前文所述，所謂的「全體大用」就是結合認知理性與道德
理性兩者，復以某種修養的工夫所達的境界，乃是就「本心知識」的修養工
夫與發用而言。許衡認為要達到這樣的境界而且發用無礙，就必須先達到「豁
然貫通」的境界，但什麼是「豁然貫通」的境界呢？許衡此處透過對《中庸》
的詮釋，提出了「誠」的觀念，藉此說明「全體大用」的境界。

　　許衡解釋《中庸》經文「誠者，天之道也；誠之者，人之道也。」一段
話時說：「誠是真實無妄之謂，天賦與人的道理，無一些人為，這便是天之道
也。誠之是未能真實無妄，要用力到那真實無妄的地步，人是當得如此，這
便是人之道也。」(《魯齋遺書》卷五，〈中庸直解〉)，「誠」是天理的一種境
界，也是天賦與人的道理，無絲毫人為造作之處；「誠之」則是修養的工夫，
修養工夫的目標，就是朝向「真實無妄」的天理境界而努力的。「誠」既是天
理的境界，有些學者認為它就是一個本體，這個本體的建立，當推周濂溪闡
釋之功，後人不斷的討論，深化的結果〔註6〕。

〔註 6〕宋儒周敦頤應該是第一位強調「誠」意義的人，他指出「誠者聖人之本。」
　　　(《通書》，〈誠上〉第一)，「聖，誠而已矣。誠，五常之本，百行之源也。」
　　　(《通書》，〈誠下〉第二)，「寂然不動，誠也。」(《通書》，〈聖〉第四)。後

　　我們先不斷言「誠」是否有本體的意義，而是應該歸納許衡有關「誠」的說法，逐步揭示他對這個天理境界的描述。首先，他將萬事萬物生成變化的過程，都歸入「誠」的範疇之中，至於在倫理道德的意義上，則重在「誠實此心」，它的說法是：

> 天下之物徹頭徹尾都是實理所爲，如草木春來發生，便爲物之始；秋來凋落，便爲物之終，故曰誠者物之終始。若就人心說，爲子不誠實孝親，便無父子之倫，爲弟不誠實敬兄，便無兄弟之倫，故曰不誠無物。故曰所貴者惟在誠實此心而已。故曰君子誠爲貴。（《魯齋遺書》卷五，〈中庸直解〉）

「誠實此心」是忠實的呈現良知的本心無妄的一面，「誠」是天理的一種境界，萬事萬物因誠而各遂其生，人的倫理秩序也包括在內。此外，許衡也相信：

> 聖人至誠之功用，其博厚配地者，不待示見於人自然章著，與地之品物流行一般。其高明配天者，不待動作自然變化，與天之雲行雨施一般，其博厚高明悠久無疆者也。不待有所施爲自然成就，與天地成物各正性命一般。吾誠功用之妙蓋如此。（《魯齋遺書》卷五，〈中庸直解〉）

人如果透過修養工夫而達到「誠」的地步，那就是「天人合一」的境界，人能與天爲一，故以主觀之心言之，便可贊天地之化育，所謂「博厚配地」、「高明配天」，甚至「不待有所施爲自然成就，與天地成物各正性命一般。」都是以主觀的態度強調人與天人合一的狀態，前述所謂「豁然貫通」，就是這樣的過程所達到的一種境界。

　　許衡更循著《中庸》的經文，將此天人合一的狀態，轉移到某種神鬼莫測的預知能力之上，他說：

> 國家之興亡事雖未形，必先有個幾兆，或見於蓍龜之占卜，或見於四體之運動。若國家有興隆之福將到，便是好處，聖人必預先知道。若國家有敗亡之禍將到，便是不好處，聖人也預先知道。這至誠的聖人能前知國家興亡之幾，如此便與鬼神之明一般。所以說故至誠

代學者也多有發揮，本文的研究對象──許衡，就是其中之一，近人牟宗三以本體論的思維，討論歷來論及「誠」的命題，而將周敦頤有關「誠」的概念歸結爲具本體意義的「誠體」。（《心體與性體》（一），台北：正中書局，1990年）

　　如神。(《魯齋遺書》卷五,〈中庸直解〉)

「至誠前知」的道理,並不是鬼神之事,人只要掌握事物發展的常軌,又善
於察覺細微徵兆所蘊含的意義,就具備這樣的能力。許衡強調的應該還是眞
實無妄的態度,也就是對事理的觀察、預測應採客觀的立場,就是運用天賦
與人的明覺能力,不夾雜個人私慾,才能獲得這種神奇的能力。

　　最後,「誠」也是道德修養工夫所欲達成的目標。他說:

　　反身而誠是氣服於理,一切順理而行,氣亦是善,豈有損於其間?

　　強恕而行,是氣未服順理。當西而氣於東必勉強按服,必順於理然

　　後可也。(《魯齋遺書》卷二,〈語錄下〉)

「反身而誠」就是指修養自我而達到「誠」的境界,「氣服於理」則是就修養
的過程而言,許衡認爲道德修養的工夫就是爲了努力達到「誠」的境界,即
使有氣不服理的情況,也應該儘量的克服,因惟有「氣服於理」,才算是完成
了「反身而誠」的理想。

第三節　知行問題的思考機緣

　　中國思想尚實用,故所知與所行的關係,向爲思想家關切的論題。「知行」
的觀念作爲一個思想上的命題,自古有之〔註7〕,尤其儒家,自先秦以來,更
是將經典中涉及「知行」的部分,不斷提出做爲討論的依據,唐代後,特別
在理學的思潮之下,「知行」命題的反省與深化,成績斐然。如果我們希望從
理學紛雜的「知行」討論中,找出個頭緒,梳理各種思想脈絡的關聯性當爲
首要之務,因爲前後相續、傳承創新的發展現象,正需要拉出清晰的理路系
統,藉以提供思想發展的最佳詮釋。

　　上述的梳理工作,存在一個基本的前提,就是認爲「知行」的討論是學
派內互相傳承、辯難、創發的結果。「知行」做爲一個哲學的命題,而且在某
些學派內以一個學術論題持續進行討論的情形,似乎十分自然,然而,我們
先前說「知」與「行」關係密切,所以由中國儒家的學術性格談「知行」的

〔註7〕早在《尚書·說命中》中就有「知之非艱,行之惟艱。」的文句,常爲人所
　　　廣泛引用,但清儒曾考證《古文尚書》爲僞書,故該句眞實與否未可輕斷。
　　　此外,《左傳》昭公十年又有另一段記載:「非知之實難,將在行之。夫子知
　　　之矣,我則不足。」若以此資料爲據,則可推知古人應該很早便具有「知行」
　　　的意識。

論題，難道就僅僅是一個思想的命題嗎？如果不是，儒者考慮「知行」的問題，還有何機緣？在這些機緣之外，「知行」的觀念是如何被、傳承？他們又是如何應用？這一連串的問題，都是在爬梳紛雜的思想脈絡之後，應該深入探討的問題。

我們認為，許衡因時代的衝激，應對朱學有所取捨，而且因其特別強調學者的經世致用態度，故雖對「知行」問題的看法與程朱相比較為簡化，其文獻中明言討論與辯難的紀錄也不多，儘管如此，他卻充分地將這些理念化為行動，在諸如修身、進德、治道、教化、文化傳遞等層面展現。所以，許衡的知行思想，大部份即蘊含於知與行的實踐中，如果試圖掌握許衡對知行的看法，就必須注意從多方面的觀察與歸納所形成的結果，才能作一綜合性的判斷。換句話說，如果試圖找出許衡的「知行觀」，必須由多角度的資料匯集，而非僅是論及「知」或「行」的文字而已，因為所謂的「知」與「行」，以及兩者的辯證關係，對許衡而言，不僅是哲學命題，也絕對是一種應世之方，更是一套經世致用的法則，也由此建立了一套倫理道德的價值體系。本文即是透過許衡的「格致論」到「知行觀」的連繫，了解儒家從「內聖」到「外王」發展過程所涉及的思想基礎，正如同前章是由「自然觀」到「心性論」的串連一樣，我們試圖藉由這兩條脈絡的建構，為許衡的倫理道德價值體系，建立一個理論的基礎。

我們相信，產生一個哲學的命題，絕對是思想家長期的關注、投入，而且日有所成的結果，然而，試想醞釀哲學命題發展的機緣，或許就來自於多重因素的匯聚，方可結合時代的脈動，迭有新創。作為一個思想家，並不是以一種「照單全收」的態度繼承傳統，無論自覺或不自覺，身處時代環境的認識與創發新說的期待，早已融入對傳統的詮釋中了。「知行」這組哲學命題，正是以這種型態持續影響著中國思想的發展，又因為「知行」問題一開始就不是抽象概念的探討〔註8〕，而是具有複雜的內涵與實務指導功能，所以，如果試圖檢核思想家的「知行觀」，應該全面的瞭解其思想的機緣，並且兼具內在的學派傳承、創新，以及外在環境因素的反省、改變。

〔註8〕 前註提到《尚書・說命說》中有「知之非艱，行之惟艱。」的文句，《左傳》昭公十年另有「非知之實難，將在行之。夫子知之矣，我則不足。」的敘述，這兩段記錄，都是在討論政務時的對話，而非抽象思考性的哲學語言，由此可知「知行」問題討論之初，即具有其實用性。

一、學派傳承

　　許衡服膺儒家學說，元世祖召見時亦明言「學孔子」，故儒家自孔子以來的傳統，當是許衡留心繼承與發展的思想核心。一一細察孔子以來個別儒者的思想內容，不是本文重點，故且將所謂的「傳統」理解為以往思想家著論立說的基本方向，並將之歸納作為詮釋許衡在儒學傳承角色與成績。本文即就有關「知行」的命題，探討許衡的思想在整個儒家「知行」學說的傳統下意義。

　　我們認為，如欲掌握儒家「知行觀」的內涵，可以從兩個方向去理解：一是「學」的意義；一是對士君子的要求。首先，就「學」的意義上看，孔子的「學」含括「知」與「行」兩者，而且是在倫理道德的意義下立論的。他提到：「弟子入則孝，出則弟，謹而信，泛愛眾，而親仁。行有餘力，則以學文。」（《論語·學而》），又說：「賢賢易色，事父母能竭其力，事君能致其身，與朋友交，言而有信，雖曰未學，吾必謂之學矣。」（《論語·學而》），而且把所謂的「好學」界定為：「君子食無求飽，居無求安，敏於事而慎於言，就有道而正焉，可謂好學也矣。」（《論語·學而》），所以「有顏回者好學，不遷怒，不貳過。」（《論語·雍也》）。在這一連串的論述中，孔子認為「學」的意義在於「知」、「行」兩方面的搭配，「知」的部分是道德的知識，「行」的範圍是在社會倫理的價值體系下，實踐有關道德的知識，因而儒者必須學習發之於內的諸如孝、弟、仁、信、義、禮等道德規範，並在整個社會倫理的父母、君臣、夫婦、朋友、昆弟關係中實踐。正因人在社會倫理下的權利義務所逃於天地之間，故能知必能行，知行兩者的完成與體現，就是孔子所謂「學」的意義。

　　孟子也認為人生有所謂「人之所不學而能者，其良能也；所不慮而知者，其良知也。」的道德意義，並可從「孩提之童，無不知愛其親也；及其長也，無不知敬其兄也。」的倫理現象中被證實。孟子認為這就是道德實踐的基礎，所以他說：「親親，仁也；敬長，義也。」（《孟子·盡心》）。其間若有不善，則是由於「耳目之官不思，而蔽於物。物交物，則引之而已矣。心之官則思，思則得之，不思則不得也。此天之所與我者。」孟子並藉此勉勵人們做一個「先立乎其大者，則其小者不能奪也。」的「大人」，而不是徇於耳目之欲的「小人」（《孟子·告子》）。孟子反求諸心，就是下一種知行的功夫，而積極的意義，即在於為社會倫理價值尋找一個道德實踐的依據，所以

朱熹就歸納為「大抵學問只有兩途，致知力行而已。」(《朱文公文集》卷四十八，〈答呂子約〉)，以之做為一位儒者進德修業的主要方向。

　　許衡則明白的昭示：「君臣父子夫婦長幼朋友所行之道也，率性之道，職分之所當為。」(《魯齋遺書》卷一，〈語錄上〉)，「率性當為」者，即為儒者知行的對象，而具體的學習範圍則為君臣父子夫婦等社會倫理體系。由於許衡對此深有契合，更留心於教化事業，故對先儒說法再加以詮釋，他說：

> 禮豈可忽耶？制之於外以資其內，外面文理都有擺得，是一切整暇，
> 心身安得不泰然？若無所見，如喫木札相似，卻是為禮所窘束，知
> 與行二者當並進。(《魯齋遺書》卷二，〈語錄下〉)

內外呼應，交相並進，而以「知行並進」做結，由此可見許衡善學孔子以來儒學所強調的知行的內涵。

　　其次，就是士君子操守的部份。《論語》中有一段記載是這樣的：「樊遲請學稼。子曰：吾不如老農。請學為圃。曰：吾不如老圃。樊遲出，子曰：小人哉，樊須也！上好禮，則民莫敢不敬；上好義，則民莫敢不服；上好信，則民莫敢不用情。夫如是，則四方之民襁負其子而至矣，焉用稼？」(《論語·子路》)。孔子責備樊遲的原因有二：一是為學的方向錯誤；一是實踐的規模狹隘。試想，如果甘於平淡，從無經世濟民的理想，孔子為何周遊列國？孟子怎會「轍環天下，卒老於行」？可見積極入世是儒家知行觀念的最大特色，樊遲所關切的部分，實在不是孔孟所強調的用世思想範疇。

　　道家也論知行，《老子》七十章說：「吾言甚易知，甚易行；而人莫能知，莫能行。」四十七章又提到：「不出戶，知天下。不窺牖，見天道。其出彌遠，其知彌少。是以聖人不行而知，不見而名，不為而成。」道家重視的是「得其環中，以應無窮」(《莊子·齊物》)的智慧，一旦掌握了「道」，便是掌握了一切事物的法則，而「無為」又是「道」對萬物萬物的應對原則，所以道家的「知行」只是著重在對「道」的體認，故毋須討論所謂的「經世濟民」之事了。但是對儒家而言，這樣的思想是難以被認同的。許衡曾批評《老子》之說：

> 老氏言道德仁義禮智與吾儒全別，故其為教大異，多隱伏退縮，不
> 肯正大光明做得去。吾道大公至正，以天下公道大義行之，故其法
> 度森然，明以示人。(《魯齋遺書》卷一，〈語錄上〉)

許衡一生稟持經世濟民的思想，感悟元帝，教化萬方，屢召屢辭之際，未嘗一日或忘孔子之教，故對老子之言無法認同，不僅僅是學派之間黨同伐異的見解，更是自己立身處事的一個宏願。

　　《論語》中時見孔子對弟子的期許，當然，這些期許也是身為一個儒者自我砥礪的目標。孔子常以「士」、「君子」、「仁人」、「成人」等敘述揭示知行上的重點，譬如：

　　　　君子恥其言之過其行也。(《論語‧憲問》)

　　　　古者言之不出，恥躬之不逮也。(《論語‧里仁》)

　　　　君子名之必可言也，言之必可行也。君子于其言，無所苟而已矣。

　　　　(《論語‧子路》)

　　　　見利思義，見危授命，久要不忘平生之言，亦可以為成人矣。(《論語‧憲問》)

孔子認為身為一個儒者，必須做到「知行」兼顧，方能「篤信好學，守死善道。」(《論語‧泰伯》)，將道德知識與道德實踐結合，身負道濟天下之使命，進而做到「志士仁人，無求生以害人，有殺生以成仁。」(《論語‧衛靈公》)，以及「士不可以不弘毅，任重而道遠，仁以為己任，不亦重乎？死而後已，不亦遠乎？」(《論語‧泰伯》) 的擔當。如果「知」與「行」不能結合，怎能有此操守？許衡身處亂世，道德實踐的使命感使得他對孔子的用心，有著深刻的體會，他曾說：「志伊尹之所志，學顏子之所學，出則有為，處則有守，丈夫當如此。出無所為，處無所守，所志所學將何為？」(《魯齋遺書》卷一，〈語錄上〉)。伊尹與顏回分別是事功與道德的代表，也分別是儒家結合知識與踐履的最佳典範，所以許衡以之作為自己努力的標竿，所謂「出則有為，處則有守。」正顯示伊、顏二人對許衡知行觀念的啟發。由此可知，許衡的「知行」觀念仍圍繞著儒家倫理道德思想，從「內聖」到「外王」的過程中，無一不顯示「知行」觀念的重要性。顏子代表內聖的典範，其「不遷怒、不貳過」便是結合知行觀念的表現；伊尹的事功則是在澤國利民的想法中，逐步完成千秋大業，不也同樣是「知行」並重的結果嗎？

　　在許衡的觀念中，從「獨善其身」的道德修養，擴及「兼善天下」的建立事功，都是在「知行」觀念的範疇之下，逐步經由認識、體悟、實踐的程序，才能達成，而其思想的根源，與夫學思的歷程，即為儒家思想的認識與傳承的結果。

二、時局反思

除了上述學派的傳承因素外，儒者討論「知行」的問題，還伴隨著時局反思的結果。前文已說明「知行」的討論原本起於中國務實的思維特色，因此，思想家並不將「知行」的觀念單以哲學的範疇處理，而是與時代環境相結合，檢討「知行」思想對時勢所造成的影響。由時局的反思而檢討「知行」的觀念，例子很多，也包含許多層面，例如王陽明「知行合一」之說，就在於辨明一般人「特舉學問思辨以窮天下之理，而不及篤行，是專以學問思辨為知，而謂窮理為無形也已。」所以提出「天下豈有不行而學者耶？豈有不行而遂可謂之窮理者耶？」（《傳習錄》中，〈答顧東橋書〉）。陽明主張「知行合一」，就是認為朱子後學之流弊在將「知行」二分，不知反本於「良知本體」，故「知」、「行」兩者遂成為不相關連的兩回事，道德理性的主體地位因而淪喪。朱熹「知行」學說本無此意，本文後面另有交代，但後學解讀錯誤，所以陽明才出面釐清，並另推新說。從這個角度來看，陽明「知行合一」說可以是因時局的反思而致。

除了王陽明在學術流傳的辨正外，更多的思想家在時局動盪、國破家亡，甚至異族入侵、朝代鼎革之際，嚴肅的探討錯誤的「知行」觀念所帶來的影響。譬如明末清初的顧炎武就有這樣的沈痛的言論，他說：

> 劉石亂華，本於清談之流禍，人人知之。熟知今日之清談，有甚于前代者？昔之清談談老莊，今之清談談孔孟。未得其精而已遺其粗，未究其本而先辭其末。不習六藝之文，不考百王之典，不綜當代之務，舉夫子論學論政之大端一切不問，而曰「一貫」，曰「無言」，以明心見性之空言，代修己治人之實學，股肱惰而萬世荒，爪牙亡而四國亂。神州蕩覆，綜社丘墟！（《日知錄》）

顏氏認為時人專論「明心見性之空言」，而不務「修己治人之實學」，雖口談孔孟，卻與清談無異，終於導致「神州蕩覆，宗社丘墟。」的惡果。

清末明初，也是類似的情況，滿清腐敗、列強環伺，隨時有亡國滅種之虞，孫中山先生懷著崇高的理想，認為救國圖強應該從心理的重新建設做起，而其中的關鍵點就是「知易行難」觀念的破除。他說：

> 此思想之錯誤為何？即「知之非艱，行之惟艱」之說也。此說始於傳說對武丁之言，由是數千年來，深中於中國之人心，已成牢不可破矣。故予之建設計劃，一一皆為此說所打消也。嗚呼！此說者于

生平之最大敵也！其威力當萬倍于滿清。夫滿清之威力，不過只能
殺吾人之身耳，而不能奪吾人之志也。乃此敵之威力，則不惟能奪
吾人之志，且足以迷億兆人之心也。……可畏哉此敵！可恨哉此敵！
（《心理建設‧孫文學說》）

中山先生之言鞭辟入裡，切中時弊，他就是從時局的反思入手，提出針砭時
弊的良方。因此，在特殊的時代環境之下，「知行」問題在此就不只是學派的
爭論主題而已，卻是關乎民族存續的大關鍵了。

　　顧炎武與孫中山涉及「知行」的觀念，明顯的源自於時局的反省，他們
對「知行」思想的考察，就不只是一套哲學思維的範疇，或是文人學者口中
高深的哲理，而是足以深入人心，撼動時局的巨大力量了。同樣的，許衡也
運用「知行」的觀點，評論當時儒者的錯誤表現。首先，他先對「能文之士」
提出批評，他認為：

今將一世精力，專意於文，……今能文之士，道堯舜周孔曾孟之言，
如出諸其口，由之以責其實，則霄壤矣。……德性中發出，不期文
而自文，所謂出言有章。止在於事物之間，其節文詳備，後人極力
為之，有所不及，何知無聖人之心，為聖人之事，不能也。（《魯齋
遺書》卷一，〈語錄上〉）

許衡的立場與兩宋以來的理學家是一致的〔註9〕，此處更明言文士「道堯舜周
孔曾孟之言，如出諸其口，由之以責其實，則霄壤矣。」就是以「知行」兼
重的標準，指出文士雕飾聖人之言為文，卻未曾踐履聖人之道以行其實，本
末倒置，不知聖人言行一致，乃德行所自發，文章優劣與否實為末節，聖人
知所先後，卻終有擅場。

　　許衡生於金末元初的亂世，由於南北長期對立的結果，正當南方流行強
調心性的理學，與崛起於大漠的蒙古族崇尚武勇之時，北方學術卻偏重文
藝，學者雖表面服膺孔孟之道，錦口繡心，卻常陽奉陰違，寡廉鮮恥者多矣

〔註9〕周敦頤倡「文以載道」，二程認為：「今之學者有三弊，一溺於文章，二牽於
　　　訓詁，三惑於異端」（《二程集》，〈河南程氏遺書〉卷十八），〈為家君作試漢
　　　州學策問三首〉一文中則提到「後之儒者，莫不以為文章，治經術為務。文
　　　章其華靡其詞、新奇其意，取悅人耳目而已。經術則解釋辭訓，較先儒短長，
　　　立異說以為己工而已，如是之學，果可至於道乎？」（《二程集》，〈河南程氏
　　　文集〉卷八）。周程之說，乃反省當世儒學發展的現象而發，正與許衡的立場
　　　相同。

〔註 10〕。許衡就在這樣的歷史條件下，對「知行」問題的思考，就朝向更爲務實的要求的目標發展了，而且許衡的著作與行實中，隨處可見其強調眞知力行的言論和行動。基於以上的論述，我們認爲，這不僅是儒家教化對許衡操守要求的結果，更可視爲其因應時局的一種反應。

再者，許衡思想中最有爭議的一段就是：

> 學者治生最爲先務，苟生理不足，則於爲學之道有所妨，彼旁求妄進，及作官嗜利者，殆亦窘於生理之所致也。士君子當以務農爲生，商賈雖爲逐末，亦有可爲者，果處之不失義理，或以姑濟一時，亦無不可。若以教學與作官規圖生計，恐非古人之意也。(《魯齋遺書》卷十三，〈通鑑〉)

這種說法，受到後人如陽明的質疑，陽明說：「儒者以治生爲先之說亦誤人。」(《傳習錄》上)，就是對許衡的治生說發出批評。

事實上，許衡在所上《時務五事》中有關「農桑學校」的部分，便有「衣食以厚其生，禮義以養其心。」的文字，從民生實踐上說，許衡的說法將儒家的「道」詮釋爲某種「合時義」的內涵〔註 11〕。如果從時代環境上考察，我們可知，許衡長於顛沛流離的時代，對困頓的生活深有體會，而元初諸帝對儒者的評價不高，一般儒者的生活條件很差，因此常有放棄儒業而改投釋道的情形。史料中的許衡儒志甚堅，一生窮達皆不失其守，而且他修身治國皆能安貧樂道，躬耕自給，若有所遺，分諸親族，也曾因國子學諸生的稟餼無法發放，懇求辭免。我們是否可以從這些線索中，找出許衡強調治生的原因？如果從「知行」的命題加以探討，是否可以尋得一些端倪？

如果我們從「知行」的觀點考察，儒者該不該規圖生計的問題，應該是放在某種道德意識的前提下思考，孔子所謂的「邦有道，穀。」(《論語·憲問》)，就是指在位當其職之下，俸祿的取得是合理的，毋須避諱，理學家常

〔註10〕金季尊信儒教，且與科舉取士，本以經術、詩賦並行，後專重詩賦，金主也常投入詩賦創作的行列，導致學術的風氣以詩賦爲上。當然，詩賦取士並未就是造成金復亡的主因，但依許衡的思想，徒寄情於詩賦者，對孔孟之道知而不行，並不是儒者應有的操守，甚至更以詩文巴結權貴，謀取功名，更爲人所不齒，如果我們參考金末劉祁的描述，大概就可以體會許衡的心境了，劉氏說：「當路者惟知迎合其意，謹守薄書而已，爲將者但知奉承近侍，以偷榮幸寵，無效死之心。」(《歸潛志·辨亡》)

〔註11〕想關論述請參見福田殖著，金培懿譯，〈關於許衡〉(《中國文哲研究通訊》第八卷第二期，1998 年)。

將儒家對一般人的最低要求，轉化成為某種至高無上的標準，所以道德的規範常不近人情。因為安貧樂道固是好事，富而好禮，貴能行道，也非壞事，難道聖人說就一定得貧窮，富貴就無法得道，這豈不是另一種型的階級意識？事實上，生計是否規劃是第二義，真正應該強調的是合道與否，讀書為官在於澤國利民，為官乃為行道，若徒嗜利妄為則違反聖人之道，那就是本末倒置了。因此，許衡「治生」之說乃因應時局而發，是從務實的角度，指出入仕的儒者和生計規劃的問題。

　　許衡質疑科舉，也和「治生」的看法有關。許衡把治生列為儒者先務，他強調治生的背景是當時作官嗜利者眾，若已有資給，則可專心其事，戮力從公。他舉諸葛亮為例，說明這個道理：「尤廉所以能如此者，成都桑土，子弟來食自有餘饒爾。」（《魯齋遺書》卷十三，〈國學事跡〉），孔明生計無虞，故能戮力從公。然而，讀書應考而求仕進者，多汲汲於功名利祿的追求，鋪采摛文，於聖賢之道無所用心，與做官規劃生計者又何異呢？許衡說：

> 唐宋科目甚多，詞賦一科為四六者設……後來於此科取人材多出將相，由用四六起人於富貴尊榮，士多用心，……聖莫如堯舜周孔，然其言難與庸夫愚兒道，或嗤鄙戲慢，……道不同則不相為謀矣。
>
> （《魯齋遺書》卷二，〈語錄下〉）

科舉造成人對富貴尊榮的貪念，與日後做官者的旁求妄進，有著密切的關係，所以許衡對唐代以來的科舉制度，抱著懷疑的態度。

　　許衡既然質疑科舉的制度，那麼國家甄選人才，他有何看法呢？許衡力主廣設學校，並因被任命為國子祭酒而喜，原因是：

> 學校廢壞，壞卻天下人才，及去做官，於世事人情，殊不知遠近，不知何者為天理民彝，似此民何由嚮方？如何養得成風俗？他於風化人倫本不曾學，他家本性已自壞了，如何化得人。（《魯齋遺書》卷一，〈語錄上〉）

他之所以不贊成科舉，就因為他認為科舉使讀書人忘掉聖人的教誨、舍本逐末，導致知與行之間無法相應。關於這個部分的缺失，許衡認為學校完全可以取代科舉的功能，為國家培養與選拔人才，也得以透過學校的教化中，免除儒教在知行上的落差。

　　許衡有關治生和科舉的意見，實與孔孟之教未曾背離，究其造成如此差異的因素，恐怕與時代環境有關，而時代環境對思想家的沖激，便導致思想

家對經典、對成規的產生新詮釋。此雖與兩宋理學思想未必相合，且起因多為外在的影響，卻是建構內在思維所不可或缺的。故而內外相資以成聖道，因時處順故可大可久，所以，從儒學發展的歷史上觀察，許衡務實的應世態度，一方面使得儒學產生新的詮釋方向，更能因應時代的變化，不斷湧現新意，歷久而彌新；另一方面，不僅許衡自己終生奉行，也保障學者可不窮於生計、安於求道，無後顧之憂，一朝入仕為官，便可以完全奉獻於經世濟民的事業之中。此兩者，皆不是自限於前人矩矱，執著於經典文字訓解的腐儒，所能企及的大功業。

第四節　知行關係的辯證

　　前面各節中，我們大致了解了許衡「格物致知」的觀點，不僅含有認知論的意義，更著重在倫理道德的內涵。因此「格物致知」的觀點一旦做為匯通道德理性與認知理性的工夫，我們就能見到認知理性在倫理道德的意義下，發揮其功能。然而，「格物致知」所建構出的倫理道德意義不能只是理論而已，因為儒家一向懷有經世的熱情，「內聖外王」的事業始終是儒者的最高目標，所以倫理道德的內涵就必須理論與實務兼具，才能完成這個使命，「知行」問題的思考就是這樣產生的。前一節本文已將「知行」問題的參考因緣，作一概略性的說明，本節將直接探討許衡對「知行」關係的觀念。我們認為，許衡有關「知行」觀念的形成，是經一番辯證的過程，但此過程不全然是純論理式的思維，反而是融入了對時局的一種感受和體驗，也正因如此，許衡對「知行」問題的看法得以不因循古人，建立屬於自己的倫道德價值體系。事實上，許衡從「格致論」到「知行觀」的論述過程中，逐漸形成個人的倫理道德價值觀，並以之作為日後「內聖外王」的準備。本節將從「知與行的關係」、「知與行的聯繫」、「知行觀念的應用」三個論題，揭示許衡在「知行」問題上的努力。

一、知與行的關係

　　回顧中國思想脈絡的發展中，有關「知」與「行」關係的討論是精采而豐富的。一般來說，「知」與「行」這兩個命題的定義大致可以用「講求義理」和「應事接物」做一概略性的描述，思想家對此定義也多無異辭。既然如此，為何我們可以這麼說：中國思想家對「知」與「行」關係的探討常出現精采

而豐富的見解呢？如果將「知」與「行」做一般性的概念區分，只是理論和實踐、原則和行動等兩組相對理念的呈現而已，然而，如將「知」與「行」關係探討的結果，做為指導某種政治社會理想實現的原則和行動時，它的基本概念就會延伸，也同時會被具體化、形式化，以符合實際的需要。儒家的「知行觀」，就是在這樣的前提下衍生出來的，所謂知行的先後、本末、輕重、互發、並重等關係，其實都是在儒家倫理道德的意義下被塑造、強調的結果，如果我們不從這種角度切入，而以一般對知識的理論與實踐的範疇規之，恐怕就難以窺見儒家「知行觀」的精義了。此外，涉及思想家有關「知行」觀念的學派辨正、評論角度、立論角度，也必須在澄清其對儒家倫理道德的理解後，才能夠有所掌握。

　　幾乎所有的儒者，都認同「知」與「行」兩者之間必然有所聯繫，這是任何學派立論的起點，也由於此為人事的自然現象，故而其合理性不容置疑。然而，如果涉及「知行」的先後、本末、輕重、互發、並重等關係時，學派思想的內涵，就成為理解此類「知行」關係的依據了。以程頤為例，他專意於透過認知理性與道德理性的累積匯通，產生對天理產生「全體大用」的發揮，所以提出「涵養須用敬，進學在致知。」（《二程集》，〈河南程氏遺書〉卷十八）的觀點。他認為人惟有不斷努力的掌握天理，並益加專注於自我的修養，才能在倫理價值的體系下找到自己的定位。但是掌握天理的過程中，必須結合認知理性與道德理性的匯通，天理才得以彰顯，進而發揮其功效，所以他強調「君子以識為本，行次之。」（《二程集》，〈河南程氏遺書〉卷二十五）。

　　此外，程頤又以知行先後的關係，辨正儒學與異端的區別，於是他接著說：「今有人焉，力能行之，而識不足以知之，則有異端者出，彼將流宕而不知反。」（《二程集》，〈河南程氏遺書〉卷十八）。他認為如能了解此種「知行」的聯繫後，便知「君子之學，必先明諸心，知所養，然後力行以求至，所謂明而誠也。」（《河南程氏文集》卷八，〈顏子所好何學論〉），先「明諸心，知所養」，然後「力行以求至」，就是透過結合認知理性與道德理性掌握天理，做為力行的準則，所謂「明而誠」就是這個歷程的簡要敘述。

　　朱熹繼承程頤的觀念，並以豐富的學養為具體經驗，告誡學者不知而行可能導致的嚴重後果，他說：「力行而不學文，則無以考聖賢之成法，識事理之當然，而所行或出于私意，非但失之於野而已。」（《論語集注》一章，〈學

而〉），用之於倫理道德的範疇下討論，朱熹更以《小學》和《大學》的修養
功夫爲例，強調「知先行後」的重要性。他說：

> 今就其一事之中而論之，則先知後行，固各有序矣。誠欲因夫《小
> 學》之成，以進乎《大學》之始，則非涵養履踐有素，亦豈能居以
> 夫雜亂紛糾之心，而格物以致其知哉！……故《大學》之書，雖以
> 格物致知爲用力之始，然而謂初不涵養履踐，而直從事於此也，又
> 非謂物未格、知未至，則意可以不誠、心可以不正、身可以不修、
> 家可以不齊。（《朱文公文集》卷四十二，〈答吳晦叔〉）

此處不僅說明爲學的次第，也強調了「知先行後」的倫理道德意義。

　　雖然朱熹強調「知先行後」的觀念，卻也不廢「行」的重要性，因爲他
知道儒家的倫理價值體系的完成，缺不可能只停留在「知」的部分。程頤有
開創之功，但容易使人誤會「知」重於「行」，甚至一味重視「知」而忽略「行」
的意義，所以朱熹說：「論先後，當以致知爲先；論輕重，當以力行爲重。」
（《朱子語類》卷九）、「知與行功夫，須著并列，……二者皆不可偏廢。如人
兩足，相先後行，便會漸漸行得到；若一邊軟了，便一步也進不得。」（《朱
子語類》卷十四），並補充了「知行」的互動關係，此即「知之愈明，則行之
愈篤；行之愈篤，則知之益明。」（《朱子語類》卷十四）。經由上述的討論可
知，程朱對「知行」的看法與其「格物致知」的思想有密切關係，他們透過
認知理性與道德理性的結合，繼而追求並體悟的天理，將之做爲力行法則的
過程與目標，程朱認爲此乃建立倫理價值體系，與夫尋找倫理秩序下客觀地
位的不二法門，所以他們的「知行觀」也從此而生。

　　程朱的「知行觀」雖然在理論的構造上十分縝密，甚至論敵也認同他們
的看法〔註12〕。但以王陽明爲首的「心學」，就開始對這樣的看法，提出質疑，
陽明最著名的學說就是「知行合一」，而「知行合一」的看法就是對程朱「知
行觀」的具體挑戰。他曾說：

> 我今說個知行合一，正要人曉得一念發動處，便即是行了。發動處
> 有不善，就將這不善的念克倒了，須要徹根徹底，不使那一念不善
> 潛在胸中。此是我立言宗旨。（《傳習錄》下）

〔註12〕陸九淵曾說：「博學、審問、謹思、明辨、篤行。博學在先，力行在後。吾友
　　　學未博，爲知所行者是當爲，是不當爲？」（《陸象山全集》卷三十五，〈語
　　　錄〉），陸氏有關「知」與「行」的內涵，或許未必與程朱相同，但其對知行
　　　關係的看法，基本上是一致的。

陽明認為「心外無理」、「心外無物」，心透過某種逆覺體證的功夫，直探天理，不假外求，此即為天賦的「良知」。而且「眞知即所以為行，不行不足謂之知。」（《傳習錄》中），所以知與行之間的關係，就是「知是行之始，行是知之成。若會得時，只說一個知，已自有行在；只說一個行，已自有知在。」（《傳習錄》上）

　　陽明直探道德理性，不假認知理性的功用，故道德理性之體證與發動處，知行兩者相互涵攝，無須界分。因此，陽明申述直就道德理性處用力的優點，是在於：

> 今人學問只因知行分做兩件，故有一念發動雖是不善，然卻未曾
> 行，便不去禁止。我今說個知行合一，正要人曉得一念發動處，便
> 即是行了。發動處有不善，就將這不善的念克倒，需要徹根徹底，
> 不使那一念不善潛伏胸中。此是我立言宗旨。（《傳習錄》下）

「知行合一」的觀念強調道德理性的主宰地位，也就是刻意突顯人的主體性，成為建構倫理價值體系的核心。換句話說，陽明認為主觀的道德理性足以建立倫理的價值體系，這與程朱結合客觀的倫理秩序與主觀的道德理性所建立的倫理價值體性是不同的，我們相信，這也是兩派在「知行觀」上有所差異的主要因素。

　　如果我們欲掌握許衡對「知」、「行」關係的看法，也必須採取上述的思考路徑。經由前文中有關許衡「格物致知」思想的討論結果，我們可以得知，許衡的「格物致知」思想基本上是沿襲程朱的傳統，特別注意結合認知理性與道德理性兩者的匯合，進而達到天理之「全體大用」的境界。然而，先前的討論中我們也肯定許衡在「心」的作用方面的發揮，這部分似與象山陽明同調，卻也常見於朱熹的論述之中。我們認為，許衡的「心」說不違朱熹規範，「心」之能「思」即為認知理性與道德理性之所以匯通處，也是掌握天理後得以達至「全體大用」的關鍵處，心不是理，卻有覺知理的能力，心一旦能覺知理，「心」、「性」、「理」三者一以貫之。再者，許衡指的「心具眾理」不是說心就是理，因為許衡認為心是氣之所生，落實在人世上是有善有惡，在自然界的中性意義上也有循理有不循理之別，但由於「理一分殊」的原則之下，萬事萬物皆有理的成分，許衡就可以將重點放在「心」經過道德修養回歸到「理」的可能性上，闡釋「心具眾理」的意義。於是，許衡的看法顯然與陽明以「心外無理」、「心外無物」為口號，直接強調「心即理」，只要發

明本心則理自然朗現的結論有所不同，所以有些學者認爲許衡口尊程朱，卻接近象山陽明，或是調和朱陸，開啓陽明等說法，應該不能成立。

既然許衡遵守程朱「格物致知」的思考模式，堅持以認知理性與道德理性匯通的方式掌握天理，是否也如同程朱一樣強調「知先於行」？他的基本假定爲何？或者在「知行」關係的論題尚有新的發揮呢？在現實政治及社會事物上又有何作爲？這些實際的作爲用在建立倫理價值的體系上，有何意義呢？以下數節中，本文將嘗試一一分析其義涵。

二、知與行的聯繫

許衡有一段論「知行」關係的文字是這樣的：

> 凡行之所以不力，只爲知之不眞。果能眞知行之，安有不力者乎？
>
> 博學之、審問之、愼思之、明辨之，只是要個知得眞，然後道篤行
> 之一句。(《魯齋遺書》卷一，〈語錄上〉)

事實上，這段話所涉及許衡的知行觀念，可以概略區分爲兩點：知先行後、眞知而後必能力行。「知先行後」的部分，完全是承自程朱的舊傳統；「眞知而後必能力行」則是前者的補充說明，更加強調知行聯繫關係的必要條件。

我們認爲，「眞知而後必能力行」中的「眞」與「力」是兩個修飾成分，卻因而帶來了豐富的含意。依許衡之意，「眞知」就是透過「博學之、審問之、愼思之、明辨之」的學習過程所獲得的知識；「力行」則是將因「眞知」所掌握的「道」付諸實踐的作爲而言。雖然，所謂的「眞知」是透過博學之、審問之、愼思之、明辨之的功夫獲得，經由前述有關「格物致知」的探討，我們也可知其內涵是對天理充分掌握；至於「力行」，則是透過認知理性與道德理性的匯通之後，將所掌握的天理付諸實踐，以期建立倫理價值的體系，與個人在整個倫理秩序中的定位。因此，我們可以說，許衡遵行程朱「知先行後」的觀點，並以相同的理論架構，朝向「格物致知」→「知先行後」→「倫理道德價值體系」的思維模式下發展的。

然而，許衡對「知先行後」的主張，是否就顯示其忽略「行」的重要？史料的記載剛好相反，許衡最爲人所稱頌的就是「力行」上的表現。明代理學家薛瑄認爲許衡「蓋眞知實踐者也。」、「專以《小學》《四書》脩己教人之法，不尚文辭，務敦實行是。」、「魯齋力行之意多。」(《魯齋遺書》卷十四，〈薛文清公讀書錄〉)；歐陽玄奉敕撰許衡神道碑，也特別強調這個部分，

他說：「先生眞知力行……其爲學也，以明體達用爲主，其脩己也，以存心養
性爲要。」(《魯齋遺書》卷十三，〈神道碑〉)；《元史》則記載他學習王弼
《周易注》時，「夜思晝誦，身體而力踐之，言動必揆諸義而後發。」(《元
史》卷一五八，〈許衡傳〉)的情形。許衡自己也強調「聖人之道，當眞知，
當踐履，當求之於心，章句訓詁云乎哉！」(《魯齋遺書》卷二，〈語錄下〉)，
他在教育學生時，也重視「問諸生此章書義若推之自身，今日之事，有可用
否？大凡欲其踐行不貴徒說也。」(《魯齋遺書》卷十三，〈通鑑〉)等等，都
是明證。

　　以上的資料都可以證明，許衡絕非只重「知」而不重「行」的思想家，
甚至還有特別重「行」的傾向。許衡既認爲「知先行後」，又強調「眞知」之
後的「踐履」，一再宣示「行」的重要性，是否「知」的重要性不如「行」？
我們該如何解釋許衡的思考方式呢？關於這一點，我們可以從學派的繼承和
時局的因應兩方面加以觀察。

　　事實上，朱熹並不因重知而廢行，他說：「夫泛論知行之理，而就一事之
中以觀之，則知之爲先，行之爲後，無可疑者。然合夫知之淺深、行之大小
而言，則非有以先成乎其小，亦將何以馴致乎其大者哉？」(《朱文公文集》
卷四十二，〈答吳晦叔〉)，「知」爲先，乃是爲「行」所做的準備。這是由於
在倫理道德的意義下，「論知之與行，曰：方其知之，而行未及之，則知尚淺。」
(《朱子語類》卷九)，「知」與「行」兩者關係之所以緊密，就是倫理道德之
事，非僅空談理想，最後還是得付諸實行，儒家由「內聖」而「外王」的發
展軌跡，就是基於這樣的立場而來的。正因如此，論「知先行後」必跟隨著
「知行並重」的觀點，所以朱熹也稱「論先後，當以致知爲先；論輕重，當
以力行爲重。」(《朱子語類》卷九)、「知與行功夫，須著并列，……二者皆
不可偏廢。如人兩足，相先後行，便會漸漸行得到；若一邊軟了，便一步也
進不得。」(《朱子語類》卷十四)，先後輕重有分，顯然是從不同的角度定知
行的價值，然就整體而言，朱熹是強調「知行並重」的觀念的。

　　許衡善體朱熹的想法，所以論「知先行後」的說法之後，也不忘宣示「知
行並重」的概念。他說：

　　　茅愈鋤，治愈旺，不治三年則塞死。物有此理，人之心力亦然，心
　　　常思，則義理出，力常運，則百事可作。(《魯齋遺書》卷二，〈語錄
　　　下〉)

人唯有透過不斷的思考和踐履，才能證明自身的存在。從另一個觀點上看，「知」雖然先於「行」，「知」的良窳也得透過「行」的檢核，他說：

> 人將好物綾錦段子，收斂入庫藏，若遇支出來的，卻是元收斂入去底好物，怎生支出陳穀爛麥來？在人學亦然。（《魯齋遺書》卷二，〈語錄下〉）

人在學習的過程中，所知所得，優劣好壞未知。唯有透過實踐，才能分辨得出，許衡以物品好壞擬之，就是在說明這個道理。

前文已論及元初儒者不利的歷史條件，故而以許衡為首的一批儒臣，是在極為艱苦的環境中，希望改變元朝統治者的觀念，從而創造一個儒家心目中的太平盛世。元人生於草原，崛起於大漠，具有事事講求實用的性格，故而儒臣們建言獻策就必須朝向實用的觀點，一味的子曰孟云，反而造成元帝的不悅，所以能參贊中書、與決大政的儒臣，大都不得不以實用的說辭，迂迴的詮釋孔孟精義。因此，就「知行」的範疇而言，許衡等儒臣欲伸展抱負，自然會比較偏向實用的作法，他們不會只求做一大學問家，而是更盼望做成功的政治家、教育家、天文經濟學家。

許衡認為從事物的學習上說，必先透過「格物致知」的過程，結合認知理性與道德理性的匯通掌握天理，做為力行的基礎，一旦掌握天理，力行所知的天理自屬應然。「知」與「行」如果只是統稱追求知識和付諸實行兩者而言，就未必結合能如此緊密，因為能「知」未必能「行」，「行」後才得「知」的嘗試錯誤學習也不無可能。然而，程朱以來的傳統卻強調能知必能行，不能力行乃由於真知之不足，而且「知行」兩者的順序是固定的步驟，我們不禁要問，造成這樣的結論的原因為何？程朱學派之所以強調「知行」結合的緊密性，完全是因為他們遵循儒家在倫理道德範疇下論「知行」的學術路線，所以「知行」內涵與發展涉及儒家「內聖」而「外王」的思想路徑，「知」與「行」之間就不是獨立的兩個命題，而是關係密切的倫理學議題。

王夫之的一段話或許可解釋儒家「知行」思想的取向，他說：

> 且夫知也者，固以行為功者也；行也者，不以知為功者也，行焉可以得知之效也，知焉未可以得行之效也。將為格物窮理之學，抑必勉勉孜孜而後擇之精、語之祥，是知必以行為功也。行於君臣、親友、喜怒、哀樂之間，得而信，失而疑，道乃益明，是行可有知之效也。其力行也，得不以為歆，失不以為恤，志壹動氣，惟無審慮

卻顧而後德可據,是行不以知爲功也。冥心而思,觀物而辨,時未
至,理未協,情末感,力未贍,俟之他日而行乃有功,是知不得有
行之效。行可兼知,而知不可兼行。下學而上達,豈達焉而始學乎?

（《尚書引義》,〈說命〉中二）

據王夫之的理解「下學而上達」在於將「格物窮理」的學問,「行於君臣、親
友、喜怒、哀樂之間」,正因施於倫理道德之事,所以「知也者,固以行爲功
者也;行也者,不以知爲功者也。」知行關係之所以密切,而且儒家之所以
重視「行」的原因,就在於倫理道德的考慮了。

許衡也是在相同的前提下論「知行」的問題,他曾說:「愛之能勿勞乎?
忠焉能勿誨乎?忠與愛當如此乃可。世間只兩事,知與行而已。」(《魯齋遺
書》卷二,〈語錄下〉),「愛」而「勞」,「忠」而「誨」,充實了知行關係在實
際情境下意義。尤其在許衡所處的時代,蒙漢兩族在意識型態上的差異,常
造成政治社會的不安與混亂,許衡以儒家倫理道德觀念教化異族,自有其時
代的意義,所謂的「忠」與「愛」相關論述,就是在倫理道德的範疇下討論
「知行」的問題。

三、知行觀念的應用

中國思想家自討論「知行」關係之初,就是以實用的角度衡斷這個哲學
的命題,而儒家對「知行」問題的討論,更非只停留在某種學理的認識而已,
更重要的,是做爲一種立身處事的法則。儒家的理想寫在《大學》的功夫次
第上,是經由「內聖外王」的步步實踐中達成,理學家將這套工夫的內涵向
內向上擴充,造成「自然觀」與「格物致知」思想的豐富內涵,也就成爲「心
性論」和「知行」學說的理論基礎,於是,儒家原有的「心性論」和知行學
說,也因而獲得新的意義和發展。我們可以說,理學家從「自然觀」到「心
性論」,與「格物致知」思想發展到「知行」觀念的這兩條相關的思想脈絡,
共同建構起儒家道德的價值體系。

許衡將「知行」的觀念用在經典的詮釋上,認爲經典所述者,即爲「知
行」觀念的實踐內涵。他說:

聖人教人,只是兩字,從學而時習爲始,便只是說知與行兩字,不
惑、知命、耳順是個知字,只是精粗淺深之別耳!耳順是並無逆於心
者,到此則何思何慮?不思而得也,從心不踰矩,則不勉而中。(《魯

齋遺書》卷一，〈語錄上〉）

所以孔子在《論語》中揭示的「不惑」、「知命」、「耳順」、「從心所欲不踰矩」
等功夫境界，對許衡來說，都是「知行」關係具體實現的結果。

此外，許衡稱：「問窮神知化。曰：聖人之事也，在《大學》，窮神是知
也，知化是行也，窮盡天地神妙處，行天地之化育。」（《魯齋遺書》卷二，〈語
錄下〉），許衡也以「知行」關係詮釋「窮神知化」的內涵。若以前述的兩個
思想脈絡而言，「格物致知」思想到「知行觀」的結論，便與從「自然觀」到
「心性論」的部份結合，進而「知行觀」也可以倫理道德理想接榫。所謂：「在
《大學》，開物是知也，成務是行也，非但開發自己，要開發他人，只要開發
得是。」（《魯齋遺書》卷二，〈語錄下〉），「開發自己」進而「開發他人」，也
就是儒家「內聖外王」理想的體現，所以，許衡有關「知行」觀念的討論，
絕非僅止於某些學理知識的認識，而是其學術思想脈絡中的重要組成。

然而，就許衡而言，「知行」的觀念是否落實於其具體的「內聖外王」作
爲之中？換句話說，許衡是如何將探討「知行」而得的結論，實際運用於道
德修養工夫，與治國平天下的事業之中呢？許衡的「內聖外王」事業，是遵
循《大學》的工夫次第，從整個倫理道德價值體系中發生的，其中「內聖」
的部分，從「格物」、「致知」、「誠意」、「正心」四者，奠定「修身」的基礎；
「外王」的部分，則自「齊家」、「治國」、「平天下」一貫的理念中推衍擴充，
而逐步完成的。然而，就許衡的實際表現來說，集中彰顯於「道德修養工夫」、
「政治理念」、「教育的志業」等三方面主要的論述和實務工作之中。

許衡在「道德修養工夫」的方面，特別強調內在道德理性的堅持，將帶
動外在行爲的合理，所謂：「精微義理入於神妙，到致用處，是行得熟，百發
百中。」（《魯齋遺書》卷二，〈語錄下〉），正是此義。儒家的道德修養工夫，
不似釋道兩家，祈求落入虛靜寂滅的境界，儒家的入世熱情，使得其「知行」
之間產生極爲密切的聯繫，故而涵養於內、表現於外，無不中節合理。所以
許衡強調：

> 不知所思慮者何事，果求所當知，雖千思萬慮可也，若人欲之萌，
> 即當斬去，在自知之耳。人心虛靈，無槁木死灰不思之理，要當精
> 於可思慮處。（《魯齋遺書》卷一，〈語錄上〉）

如果內在無法涵養導正則外在表現一無可取，因而「世人懷智挟詐，而欲事
之善，豈有此理，必盡去人僞，忠厚純一，然後可善其事。」（《魯齋遺書》

卷一，〈語錄上〉），由此可知，道德修養工夫的過程中，「知行」兩者的聯繫，是一個十分重要的觀念。

其次，許衡也將「知行」的觀念，應用在施政的理念之上。他強調：

> 國家當行漢法無疑也，然萬世國俗，累朝勳貴，一但驅之下從臣僕之謀，改就亡國之俗，其勢有甚難者……以北方之俗，改用中國之法，非三十年不可成功……陛下篤信而堅守之，不雜小人，不營小利，不賣近效，不惑浮言，則天下之心庶幾可得，而致治之功庶幾可成也。（《魯齋遺書》卷七，〈時務五事〉）

元初中原未定，雄才大略的世祖登基之後，許衡就建議世祖「行漢法」，這篇著名的奏議收入許衡的《時務五事》之中。許衡建議行漢法的過程，就是典型的以「知行」關係為思考，所做的一個政治事務的明確判斷。許衡告訴世祖，元朝疆城廣大，統治中原非用漢法不可。許衡曾以南北風俗人情不同為例，說明中原與大漠有別，此外，許衡更以前代曾統治中國的後魏、遼、金為例，細數他們因行漢法而享國日久，四方歸服的情形。然而，許衡不只是在觀念上爭取世祖的認可，也同時指出實「行漢法」可能面對的挑戰，以及因應的策略，由此可知，許衡有關政治的思想和實踐，皆可涵蓋「知行」兩個範疇，故切合時用，也較能因應當時的變局。

我們也可以從許衡對歷史人物的評價中，看出他對一個好的執政者有何期許，他說：

> 春秋上下二百餘年，其間人材有一節一行之可稱者。固難以指而數，若夫宏碩之器，明敏之識，端實之行，正大之議論，未嘗不相望於世，今試舉其材美之著者言之，如齊之鮑叔、管仲；晉之舅犯、先軫……此數輩者，皆足以尊王而庇民，皆足以捍災而制變，皆足以繼絕世而興治平，若較之三代王佐之才，固未可同日語，若求之漢唐全盛之際，未見出其右者。（《魯齋遺書》卷一，〈語錄上〉）

許衡贊美的這些賢臣，重在其兼有「宏碩之器，明敏之識，端實之行，正大之議論」，知行並重得以福國利民，故能「繼絕世興治平」。相較前者，許衡更崇拜諸葛亮的情操，他說：

> 不問利害只求義理，孔明見得真，當時只以復漢討賊為當然，至於成敗利鈍，非臣之明所能逆睹，歸之於天而已，只得如此做，便是聖賢之心，常人則必計其成敗利害也。（《魯齋遺書》卷一，〈語錄上〉）

孔明心有執守，故有所爲有所不爲，許衡身處亂世，心常懷忠君愛民的期望，
所以對孔明的事蹟深感認同。

　　許衡在教學的過程中，一再強調知行兩者的重要性，他曾明言：「世間只
兩事，知與行而已。誨之使知，勞之使行，其忠愛無窮焉。愛焉而勿勞，則
驕易流於惡；忠焉而勿誨，則妄行犯於過吝，反有害乎忠愛矣。」（《魯齋遺
書》卷二，〈語錄下〉），愛之使勞，忠焉能誨，是期望「誨之使知，勞之使行」，
知行兼具，而日後成爲國家有用之材。事實上，許衡弟子眾多，蒙漢不分，
而且日後在朝廷擔任要職，以致許衡身後，元廷仍不廢儒教，可見許衡教化
之功。事實上，許衡也有意識的栽培後進，以備國用，更重要的意義卻在「用
夏變夷」、延續儒教，因此，他教學生一直強調聯繫「知行」兩者的重要性。
他說：「嘗問諸生，此章書義，若推之自身，今日之事，有可用否，大凡欲其
踐行不貴徒說也。」（《魯齋遺書》卷十三，〈通鑑語錄下〉），在實際的學習過
程中，更要堅持這樣的原則，所以他明確指出：

> 凡爲學之道必須一言一句自求己事，如六經語孟中，我所未能，當
> 勉而行之，或我所行不合於六經語孟中，便須改之，先務躬行，非
> 止誦書作文而已。（《魯齋遺書》卷一，〈語錄上〉）

許衡告誡弟子們必須透過經典的檢核，時時省察自己的行爲，所以誦讀經典
便不僅僅是一種增進加識的活動，也是砥礪德行的一種原動力、一個價值衡
定的標準。許衡自己的學習經驗，也是如此，譬如他早期「始得《易》王輔
嗣說，時兵亂中，衡夜思晝誦，身體而力踐之，言動必揆諸義而後發。」（《元
史》卷一五八，〈許衡傳〉），由此可見許衡在教育上的看法，是來自於自身的
學習經驗，當然，這樣的學習經驗也與時代環境息息相關。

　　以許衡爲首的這批儒臣，普遍都很博學，而博學的動機則出自於經世致
用的理想，他們絕非皓首窮經的腐儒，而是在各個領域，都有十分卓越的表
現〔註13〕。尤其許衡兼具思想家、政論家、天文學家、教育家多重身分，完
全能將所學應用在闡揚儒學、定官制、立朝儀、修新曆、立學校等事務之
上。我們認爲，明代薛瑄曾說：「萬般補養皆虛僞，只有操心是要規，惟心得
而實踐者，乃知其言之有味」（《魯齋遺書》卷十四，〈薛文清公讀書錄〉），或

〔註13〕元初的儒臣們，在經世濟民的表現上，多有十分傑出的表現。譬如耶律楚材
　　　　曾議論官制、稅制、設經籍所、議復科舉、復立衍聖公尊號等，許衡之外，
　　　　如王恂、郭守敬等人，也都在天人、水利、教育等方面，做出具體的貢獻。
　　　　諸人事蹟詳見《元史》本傳。

許就可以用來總結許衡學以致用，重實用、重踐履的學術性格，以及教育上的執著。

第五節 小 結

　　本章中許衡先界定「格物致知」就是一種追求天理的過程，此乃個人天賦道德理性的認證，但此過程必須結合認知的體悟與道德自覺的活動，才能達成。許衡認為天理的追求完成之後，道德理性因而獲得認證，但並不代表該過程已然終結，更重要的是在倫理的意義之下，透過「知行」兩者的聯繫，才算是真正的完成儒家「內聖外王」的終極目標。許衡的「格致論」和「知行觀」，借用其從「自然觀」到「心性論」的討論結果，奠定理論的基礎與發展的方向，故而「格物致知」乃追求天理的過程，道德理性的認證使得倫理道德之事獲得發起的原動力，在此過程中，許衡也將人「心」的地位和存在意義，再做一番新的詮釋。

　　本文第三章已說明「心」的作用可以匯通天人之際，將「自然觀」與「心性論」的內涵融為一體，本章中，許衡又肯定「心」也在溝通認知理性與道德理性中，發揮其存在的意義。「心」在此處進而以道德理性為主，認知理性為輔，對於建立其倫理道德的價值體系時，彰顯其關鍵性的地位。許衡告訴我們，格物的方法是即物而窮理，學者必須從廣泛的學習中，經由形下事物的探討找出形上之理，但不可泥於形跡，執著於外在的表象。緊接著，學者還得將天人共同追求的和諧秩序，轉化成某種倫理道德的價值意義，如此才是真正地完成「格物致知」的所有工作。許衡一再強調，在道德理性的主導之下，感官知識將轉化成為一種能夠支援道德意義的憑藉，並在倫理道德的價值體系下付諸實踐，所以他認為的「格物致知」，並非現今意義下的「認識論」，若其真有認識的意義，也將在倫理道德的制約之下。所以道德理性與認知理性的匯通過程，絕非兩者的平列對待，而是以道德為主，認知為輔的匯通，其間的主從關係，乃是基於儒家一貫的倫理道德基本主張。

　　許衡的「知」包含感官的知識，也包含了倫理道德的理論與實踐，但許衡更執意於將前者融入倫理道德的體系之中，這種做法，呼應了前述許衡以道德理性含括認知理性的處理方式，故而許衡對「知」的界定，還是回到倫理道德的內涵之中。基於這樣的前提，許衡有關「知行」問題的思考，便是從傳統思想的繼承與時代環境的認識上，形成諸如知先行後、知行並重、能

知必能行等結論，此三者在構成其倫理道德價值體系的過程中，舉足輕重，因為儒家的思想一向重實踐，故而「內聖外王」的事業是儒家的理想境界，「知行」關係的探討就是涉及理論與實際的聯繫，其重要性可見一斑。

然而，許衡的「格致論」和「知行觀」仍有許多令人質疑的地方。許衡試圖從窮究一一事物之理而掌握天理，此乃假設萬物皆遵循某種共通之理，更因程朱相信窮理之後積累與貫通的妙用，許衡承之，使得這樣的認識更加穩固。但是，許衡對所謂窮究事物之理的過程與方法，未加深論，卻一下子就落入倫理道德的範疇，共通之理的內涵未及全面發掘，反而即刻展開倫理道德的論述。我們不禁懷疑，共通之理是否只在倫理道德之上發生意義？如果不是，此共通之理又該如何衡定？遇有矛盾，以倫理道德概括天理的做法，豈非一觸即潰？陽明格竹的例子不由得發人深省，窮究事物之理與倫理道德的觀念未必契合，理學家強調其間必然的聯繫，是否即因重倫理道德的涵義，漠視事物之理的客觀存在事實？陸王一系有鑑於此，直論道德理性的部分，或許可以說明程朱乃至許衡有關「格物致知」思想的不足之處。

此外，正因「格物致知」的目標乃是倫理道德之事，故以道德理性為主，認知理性為輔，認知的結果常是建立道德意識的材料。但認知的結果，都能夠支持道德方面的論證嗎？還只是刻意地接受某些適宜的，拋棄某些扞格不通者？譬如以自然知識解釋道德上的善惡問題，顯然就常常發生此類不合之處。而且基於人類社會所建構的倫理道德體系，若以自然知識為理論基礎，即使合乎倫理道德的理念，卻因適用的對象不同以及論證立場的差異，以致造成某種過度詮釋的情形，更突顯了這個思想系統的不周延。再者，以「格物致知」建立倫理道德的價值體系，所以顯然不能只有認識論的討論而已，而且即使認識論迭有創新，也不能影響倫理道德的優先地位。無怪乎此體系涉及認識的對象與方法往往受制，甚至連認識後的詮釋過程都被牢牢綁住，無怪乎理學雖有涉及認識論的思考，但始終被制約在某種程度，難以發展，以許衡之博學，也也難免落入這種思考上的限制。

許衡提出諸如「知先行後」、「知行並重」、「能知必能行」的主張，顯然是基於時局的體會和吸收前賢的成果，他以「真知力行」做為知行關係的結論。「真知力行」的說法乃朱熹舊說，許衡藉以探討「知行」的問題，並取為「知行」關係的結論，「真知力行」中的「真」與「力」顯然應該蘊含豐富的涵義，而非僅是所謂「行之不力乃知之不真」而且，尤其在許衡所處的時空

環境下，「眞知力行」更可做爲某種理論與實踐結合的指導原則。然而，很遺憾的是許衡顯然在這個觀念上未做太多的發揮，他只是說出知先行後，又強調踐履的重要，並指出知行密切的關聯性，我們認爲，他如果能在「眞知力行」的詮釋上多下工夫，三者不僅不會產生矛盾的情形，反而更能強化三者的聯繫。

此外，許衡認爲能知必能行，知而不行，不是眞知，這裏的「知」，顯然不是只停留在認知的意義之上，而重在培養某種積極的道德觀、使命感。積極的道德觀和使命感是一種主觀的信念，儒家長期以來教導弟子透過經史的研習、時局的討論與投入、師友間的勸勉等方式，誘導其積極參與經世濟民的事業之中。然而，這些方式雖然有效，也造成無數儒者在中國歷史上寫下了令人尊敬一頁，但卻無法保障所有儒者必然有此信念，甚至歷史上常見某些假道德之名，行危害之實的人，面對這種情形，儒家是否提供反制的作爲或補救的建議？

許衡如同一般儒者，他們相信內在的良心譴責永遠勝過外在的輿論和制裁。如果「知行」的關係如此密切，那麼長期培養的道德意識竟無法造成「內聖外王」的表現，卻反而是倒行逆施、爲非做歹的劣行，我們怎能要求片刻的善念就能成就一個聖人呢？因此，許衡的「知行觀」一味強調正面的價值，卻忽略實際生活常見的負面狀況，更由於反制措施與補救建議的不足，「內聖外王」的事業只能依賴那些在「知行」關係上深有體會，從而具有道德觀、使命感的人，卻無法招納更多已有道德意識的成員，加入「內聖外王」的理想中。如此一來，儒家原本希望國家的每一份子接受道德修養工夫，全面投入構築大同世界的理想，就變得不切實際。